対人援助の現場で使える

傾聴する・受けとめる技術 便利帖

大谷 佳子
（おおや・よしこ）

はじめに

人と適切にかかわり、良好な関係をつくるためのコミュニケーション能力は、対人援助職にとって欠かすことのできない専門性の1つです。ところが、日々、援助の対象者と向き合っているベテランの援助職であっても、「どのように会話を進めたらよいかわからない」「その場に応じた言葉かけが上手くできない」などと悩んでいる人も少なくないようです。

援助職を対象としたコミュニケーション研修で、そのような悩みを持っている参加者から「どうしたらコミュニケーション上手になれますか？」などの質問をいただくことがあります。そのようなとき、私は聴く力を高めることを助言しています。コミュニケーションが苦手なのは「自分に話す力がないことが原因」と考える人が多いようですが、どのように会話を進めたらよいのか、相手にどのような言葉をかけたらよいのかは聴く力を高めることでわかるようになります。いくら素晴らしい話術を身につけても、相手の話を聴くことができなければ、独りよがりのコミュニケーションになってしまうでしょう。コミュニケーション上手とは、自分の話ばかりする人のことではなく、相手の話をちゃんと聴いて受けとめることができる人のことなのです。

本書では、援助の現場での実践をイメージしていただけるように、具体的な応答例を示しながら援助職としての聴き方を説明しました。傾聴の基本を体験的に学ぶための個人ワークやペアワークも多く紹介しています。

これから援助職を目指す皆さまには聴き方の入門書として、そして、現場経験のある援助職の皆さまには日々のコミュニケーションの振り返りや聴く力のスキルアップに、本書をご活用いただけましたら幸いです。

2023年3月
大谷　佳子

こんな聴き方をしていませんか？

事例1 「聴いている」つもりが「聞いている」

伊藤さん（58歳、女性）は、通院治療中のご主人に付き添って病院に来ています。ご主人が検査を受けている間、伊藤さんは看護師に話しかけました。

伊藤さん「あの、主人のことで気になっていることがあって……」

看護師「何ですか？」

伊藤さん「最近、主人の様子が変というか、おかしくて」

看護師「どんなふうに？」

伊藤さん「休日は必ず出かけるような活発な人だったのに、最近は1日中ぼーっとしているときもあって……。そうなったのは、今の薬を飲み始めた頃からなんです」

看護師「それは、よくあることです。そんなこと、気にしなくて大丈夫ですよ」

伊藤さん「そうですか……」（曇った表情）

● 伊藤さんの表情が曇ってしまった理由は？

伊藤さんが気になっていることを把握するため、看護師はいくつか質問をしながら話を聴きました。そのうえで、よくあることだから心配する必要がないことを伝えています。ところが、伊藤さんは納得していない様子です。
看護師は「気にしなくて大丈夫ですよ」と言葉をかけて、伊藤さんに安心してもらおうとしましたが、どうして伊藤さんは曇った表情のままなのでしょうか。

「聴いている」つもりが「聴いてもらっている」

在宅で訪問介護サービスを利用している岡田さん（84歳、女性）に、訪れた訪問介護員（ホームヘルパー）が声をかけています。

訪問介護員「岡田さん、最近はどうですか？」

岡田さん「どうって……？」

訪問介護員「あっ、体調とか」

岡田さん「体調ね、まあまあかな」

訪問介護員「そうですか、それは良かったです」

岡田さん「ただね、ときどき朝からだるい日があって……」

訪問介護員「えーっ、岡田さんもそうなんですか。私も朝から何かだるい日があるんですよ。たぶん、それって睡眠不足が原因ですよ。私も睡眠時間が不足気味なのでわかりますけど、ちゃんと眠れていないと朝からだるいんですよね。先月参加した勉強会で教えてもらったんですけど、睡眠時間が長くても眠りが浅いと熟睡感が得られなくって、朝からぼーっとしたり、だるくなったりするんですって。岡田さんもそんな感じなのかなって思ったんですけど、どうですか？」

岡田さん「……」

岡田さんが黙ってしまった理由は？

訪問介護員は、自分も同じ状態になることを伝えて岡田さんに共感を示そうとしました。さらに、岡田さんの役に立てばと思い、勉強会で得た知識を提供してみましたが、岡田さんは関心がないのか黙ってしまいました。
訪問介護員は良かれと思って、自分自身のことを話したり、情報提供したりしたのに、どうして岡田さんに喜んでもらえなかったのでしょうか。

事例3 「聴いている」つもりが「否定している」

高橋さん(47歳、男性)は異動先の部署に上手く適応できず、イライラすることが多くなりました。上司の勧めで、社内の健康管理室で産業保健スタッフと面談をしています。

高橋さん 「異動した部署がひどいんですよ。みんな、やる気がないというか……。誰かから指示されないと動かないんですよ」

産業保健スタッフ 「はあ」

高橋さん 「だから、私がいちいち言わないといけなくて。それなのに、私がパワ、パワ何とかだって噂話しているのを知って、もう腹が立って腹が立って」

産業保健スタッフ 「でも、いちいち言わないといけないって、高橋さんが勝手に思っているだけではないですか。高橋さんはまだ異動されたばかりですし」

高橋さん 「異動したばかりだから、私がわかっていないということですか?」

産業保健スタッフ 「そういうわけではないですけど、それぞれの部署でのやり方があるのではないかと思いますけど」

高橋さん 「そんなことは私だってわかっていますよ。だから、これまで私がやってきたことを今の部署でも教えようと……」

産業保健スタッフ 「だけど、だからといって高橋さんのやり方を強制するのは良くないと思いますよ」

高橋さん 「(語気を荒らげた言い方で)そうですね! よくわかりました!」

● 高橋さんが語気を荒げた理由は?

産業保健スタッフは、高橋さんの問題を速やかに解決しようとして、第三者の立場から客観的な意見を伝えてみました。その意見に対して、高橋さんは「よくわかりました」と返事をしていますが、どうして語気を荒らげた言い方をしたのでしょうか。

本書の技術を使えばこう変わる！

事例1～3は、さまざまな援助の現場で、やってしまいがちなコミュニケーションです。いつもの会話に、本書の技術を意識して取り入れてみましょう。援助職の聴き方ひとつで、相手の反応も、会話の流れも変わってくることが実感できると思います。解説とともに、3つの事例の改善例を見ていきましょう。

事例1 「聞く」を「聴く」にする改善例

看護師は、伊藤さんの言葉と感情を受けとめる応答ができていませんでした。その結果、「聴く」のではなく「聞く」になっていたのです。話の内容を把握することを優先して、次々に質問をするばかりでは聴き手主導で会話を進めることになりがちです。看護師が知りたいことだけに耳を傾けて、「それは、よくあることです」と結論づけてしまったため、伊藤さんの気持ちは置き去りになってしまいました。

これまで経験したことのない夫の状態に戸惑う伊藤さんの気持ちを受けとめていたら、「そんなこと、気にしなくて大丈夫」という表現にはならないはずです。知識や経験のある看護師にとっては「そんなこと」かもしれません。でも、伊藤さんにとっては大事なことだからこそ、看護師に話を聴いてもらいたかったのです。そのような伊藤さんの思いを受けとめて、勇気づけをしてみましょう。伊藤さんが「話をしてよかった」と思える会話になるはずです。

伊藤さん 「あの、主人のことで気になっていることがあって……」

看護師 「気になっていること？」 ― **キーワードの繰り返し**

伊藤さん 「ええ、最近、主人の様子が変というか、おかしくて」

看護師 「いつもと違う、という感じでしょうか？」 ― **マイルドな表現に言い換え**

伊藤さん 「そうなんです。休日は必ず出かけるような活発な人だったのに、最近は1日中ぼーっとしているときもあって……。そうなったのは、ちょうど今の薬を飲み始めた頃からなんです」

看護師「なるほど。 ── あいづち
今の薬を飲み始めた頃から、ぼんやりするようになったのですね」── 解釈の技法

伊藤さん「そうです。薬を飲む前は、1日中ぼーっとしていることなんてなかったのに」

看護師「伊藤さんは、もしかしたら薬のせいかなって心配されているのですね」── 感情の明確化

伊藤さん「ええ、そうなんです。でも、担当の先生にはちょっと言いづらくて」

看護師「教えてくださって、ありがとうございます。私から担当医師に話してみますね。また気になることがあれば、いつでも私たちに声をかけくださいね」── 勇気づけと援助につながる一言

伊藤さん「ありがとうございます。看護師さんに話を聴いていただけて、ちょっと安心しました」

事例2 聴き手に徹するための改善例

訪問介護員は、岡田さんの話を聴くつもりで「最近はどうですか?」と問いかけたのに、気づいたら自分が話し手になっていました。援助の現場では、まず聴き手に徹しましょう。岡田さんの話を十分に聴かずに、訪問介護員が自分の話を持ち出したり、自分の知識を一方的に披露したりすると、援助職主体の会話になってしまいます。

岡田さんが朝からだるくなる原因は本人から話を聴かなければわかりません。訪問介護員が自分の経験と重ね合わせて「原因は睡眠不足」と早合点してしまうと、確証バイアスが働いて、重要な情報を見落としたり聞き逃したりするかもしれません。

自分が言いたいことを話す前に、聴き手に徹して援助の対象者の言葉をしっかり受けとめましょう。相手の発言に対する理解を十分に深めることではじめて、適切な情報提供やその人に必要な助言が可能になります。

訪問介護員「岡田さん、お身体の調子はいかがですか？」— 具体的なオープン・クエスチョン

岡田さん「身体の調子ね、まあまあかな」

訪問介護員「まあまあ、なのですね」— 繰り返しの技法

岡田さん「だって、調子がいい日もあれば、朝からだるい日もあるから……」

訪問介護員「朝からだるいと感じる日があるのですね」— 繰り返しの技法

岡田さん「そうなの。そういうときは食欲もないから、朝ご飯は食べないのよ。
まあ、そうなるのは、ときどきなんだけど」

訪問介護員「今週は、だるくて朝食を食べなかった日はありましたか？」— 言語的追跡

事例3 相手を受けとめるための改善例

話し手は、自分の話に熱心に耳を傾けてくれる人に信頼を感じます。そして、信頼できる人の意見や助言には、素直に耳を傾けられるようになります。逆に、自分の話を聴こうともせずに一方的に意見を主張する人に対しては、不信を感じてしまいます。

産業保健スタッフは、高橋さんの問題を速やかに解決したいと思いながら、実際には高橋さんが不信・不満を感じるような応答をしてしまいました。高橋さんの発言に対して、産業保健スタッフは「でも」「だけど」と言葉を返して、自分の意見を主張しています。これでは、高橋さんは自分の言い分や感情を否定された、産業保健スタッフの考えを押し付けられた、と思うでしょう。「そうですね!　よくわかりました!」と言ったときの語気の荒さから、高橋さんが苛立っていることが伝わってきます。「面談になんて来なければよかった」と後悔しているのかもしれません。

高橋さんのように悩みを抱えている人には、非審判的な態度で話を聴きましょう。その人の言葉と感情を受けとめながら聴くと、相手は少しずつ気持ちが落ち着き、心の状態が安定するようになります。相手が耳を傾ける余裕がないときに、援助職がどれほど有益な意見や助言をしても何も効果がないどころか、信頼関係を失ってしまうこともあるのです。

高橋さん「異動した部署がひどいんですよ。みんな、やる気がないというか……。誰かから指示されないと動かないんですよ」

産業保健スタッフ「うん、うん」 ― **うなずき・あいづち**

高橋さん「だから、私がいちいち言わないといけなくて。それなのに、私がパワ、パワ何とかだって……」

産業保健スタッフ「パワハラのことですか？」 ― **事柄の明確化**

高橋さん「そう、パワハラだって噂話しているのを知って、もう腹が立って腹が立って」

産業保健スタッフ「そのように噂されたことに強い怒りを感じたのですね」 ― **言い換え**

高橋さん「そう。だって少しでも仕事の効率を良くしようと思って言っているのに、パワハラだなんて」

産業保健スタッフ「高橋さんの思いが理解されていない、という感じでしょうか？」 ― **質問形式の言い換え**

高橋さん「まあ、私の思いなんて話したことはないから、誤解されても仕方ないんだけどね。これまで私がやってきたことを活かしてもらえたらと思って……」

産業保健スタッフ「高橋さんは、ご自身の知識やノウハウを教えることで今の部署に貢献したいというお気持ちなのですね」 ― **共感的応答**

高橋さん「そうです。でもパワハラなんて誤解されるような言い方じゃあ、教えたことにはならないですね。話を聴いてもらって、自分の状況が少し整理できました」 ― **傾聴によるアウェアネス効果**

いかがでしょうか。本書は、さまざまな現場ですぐに活用できる、心理学に基づいた聴き方のテクニックを紹介していきます。「本書の活用方法」を参考にして、聴く力・受けとめる力に磨きをかけましょう。

本書の活用方法

●活用方法1：一般的な読みものとして活用する

本書は、援助の現場だけではなく、日常生活・社会生活で役立つ心理学の知識や、近年注目されている心理学的研究・実践を多く紹介しています。傾聴する・受けとめる技術の習得を目的としていなくても、一般書としても読んでいただくことができます。

●活用方法2：技術を学ぶための学習書として活用する

本書は、傾聴する・受けとめる技術を、以下の6つのステップで習得できるように構成しています。基本から学ぶときは、第1章から順番に読み進めます。実践的な技術のみを身につけるときは、第3章から読んでいただくとよいでしょう。

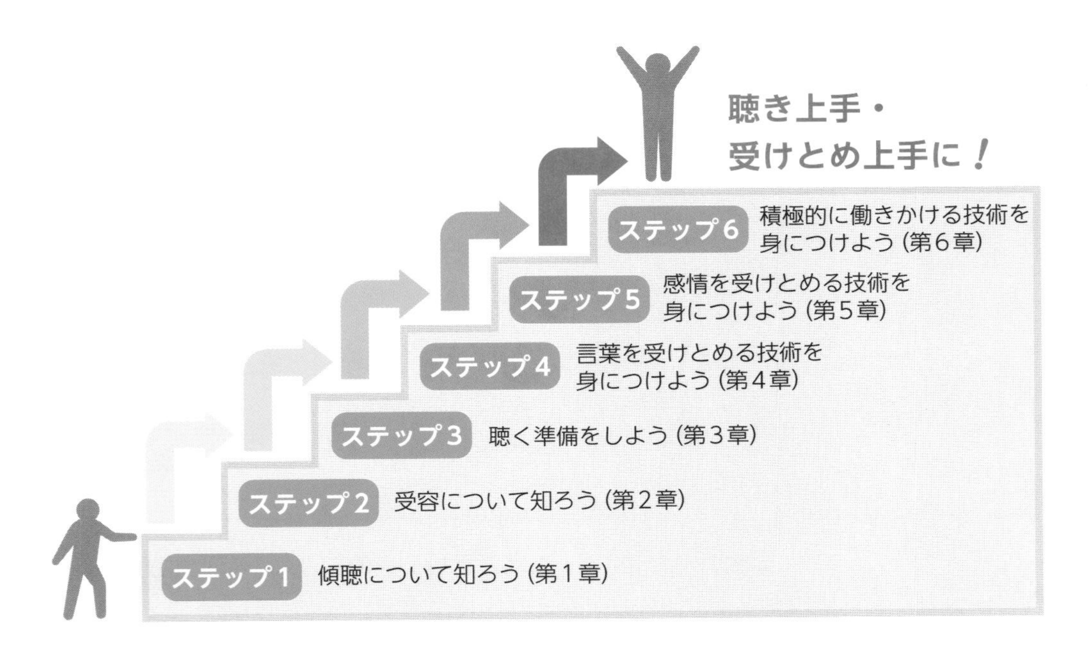

活用方法3：必要なときにすぐわかる便利帖として活用する

本書は、知りたい単語や参考にしたい技術を、すぐに見つけられるように工夫しています。

これってどういう意味？

各ページに付いているキーワードから、知りたい単語を探してみましょう。

キーワード　コミュニケーション技術

こういうときは、どうするの？

第3〜6章は、技術の名称がわからなくても必要なページが見つかるように、具体的な行動が見出しになっています。目次から、知りたいかかわり方を探してみましょう。

活用方法4：研修や勉強会のネタ本として活用する

本書は、傾聴する・受けとめる技術を体験的に学ぶための個人ワークや、ペアワークを多く紹介しています。本書を読んでからワークに取り組むことで、「わかる」から「できる」へとスキルアップすることができます。また、ダウンロードできるチェックリストやワークシートは、職場での研修や勉強会で活用してもよいでしょう。

チェックリストとワークのダウンロードの方法

本書で紹介しているチェックリストとワークを「特典」として用意しています（DL対応と記載されたもののみ）。

SHOEISHA iD メンバー購入特典

ファイルは以下のサイトからダウンロードして入手いただけます。

https://www.shoeisha.co.jp/book/present/9784798177526

<注意>

※会員特典データのダウンロードには、SHOEISHA iD（翔泳社が運営する無料の会員制度）への会員登録が必要です。詳しくは、Webサイトをご覧ください。

※会員特典データに関する権利は著者および株式会社翔泳社が所有しています。許可なく配布したり、Webサイトに転載したりすることはできません。

※会員特典データの提供は予告なく終了することがあります。あらかじめご了承ください。

ファイルにはPDF形式のシートをご用意しています。必要に応じて出力し、ご利用ください。見出しの横に DL対応 マークがあれば、そのシートをダウンロードできます。

CONTENTS

第3章 【実践編】聴く準備をする

第4章 【実践編】言葉を受けとめる

第5章 【実践編】感情を受けとめる

第1章

【基本編】聴く力〈傾聴とは〉

傾聴は対人援助の基本ですが、上手に聴くためには
会話においてただ受け身でいればよいわけではありません。
援助の現場では、援助の対象者が話したいと思っていることを
最大限に引き出せるように聴くことが大切です。
第1章では、上手に聴くための傾聴の基本について学びます。

このような聴き方をしていませんか？

- □ 会話では受け身になって、ただ黙っていることが多い
- □ 話を聴いているときの自分の表情や姿勢を意識したことがない
- □ 言いたいことや尋ねたいことがあると、相手の言葉を遮って口を挟む
- □「それで？」「だから？」などと、相手の言葉を催促することが多い
- □ すぐにでも解決に向けた助言や提案ができるように、話の内容をなるべく急いで理解するようにしている

第1章では、✔がついた項目を改善する方法を紹介しています。
実践編で技術を学ぶ前に、傾聴の基本を確認しておきましょう。

キーワード　傾聴、ウェルビーイング、PERMAモデル

傾聴とは、相手の話を「聴く」こと

傾聴はコミュニケーションの基本

対人援助に欠かせない聴く力

対人援助職とは、人に対して援助を提供する職業の総称です。援助職（援助を提供する側）は、援助の対象者（提供される側）との相互交流のなかで、専門的な知識や技術に基づく効果的な支援を行うことが求められます。そのため、人と適切にかかわり、良好な関係をつくるためのコミュニケーション能力は、対人援助職にとって欠かせない専門性の1つと言えるでしょう。

援助の現場において、相手の話を「聴く」ことはコミュニケーションの基本です。なぜなら、相手の話を「聞く」のではなく、その人の言葉と感情に耳と心を傾けて「聴く」ことではじめて援助の対象者を深く理解することができるからです。

「聞く」「聴く」「訊く」

話をきくときには、「聞く」「聴く」「訊く」の3つがあります。「聞く」は、外から自然に音や声が耳に入ってくる状態を指します。例えば「音が聞こえる」「誰かの話し声が聞こえた」などと表現されるように、どちらかと言えば受動的なきき方と言えるでしょう。それに対して、「聴く」は注意深く、しっかりと意識を向けて耳を傾ける状態であり、例えば「好きな音楽を聴く」「友人の悩みを聴く」などのように能動的なきき方を意味します。そして、「訊く」は、自分の知りたいことを相手に尋ねている状態です。

「聴」の漢字のなかには「耳」と「心」があることからも、**傾聴**とは、聴こうとする意識を持って、耳と心を傾ける状態であることがわかります。その人のことを深く知ろうとするときは、相手の言っていることが耳に伝わるだけの「聞く」ではなく、相手の言葉をしっかりと受けとめて心の声を「聴く」ことが大切です。

3つの「きく」

聞く **Hear** ：自然に音や声が耳に入ってくる状態

聴く **Listen** ：注意深く意識を向けて耳を傾ける状態

訊く **Inquire** ：自分の知りたいことを尋ねる状態

傾聴とは、相手の話を「聴く」ことです。話の内容だけでなく、その話に伴う相手の感情にも、耳と心を傾けましょう。

ウェルビーイングを高める傾聴

ウェルビーイング（well-being）とは、身体的、精神的、社会的な側面において良好な状態のことです。世界保健機関（WHO）の憲章前文で健康の定義に使われている用語ですが、援助の現場では「福祉」や「主観的幸福感」を意味する言葉としても用いられてきました。近年では国連サミットで採択されたSDGs(Sustainable Development Goals：持続可能な開発目標）にもこの言葉が登場したことから、社会全体でウェルビーイングへの注目が高まっています。

ポジティブ心理学の創始者であるセリグマン（Seligman, M.）は、ウェルビーイングを測定する要素として、ポジティブ感情（**P**ositive Emotion)、何かへの没頭（**E**ngagement)、人との関係性（**R**elationship)、意義や目的（**M**eaning and Purpose)、達成（**A**chievement/Accomplish）の5つを提唱しました。この5つの要素の頭文字をとって、セリグマンの考え方を**PERMAモデル**と呼びます。

PERMAモデルのRは、人との関係性です。最近の心理学的研究では、聴き手が相手の話に注意を払いながら耳を傾け、それを話し手が実感できることが、二者間の相互作用の質を高めると報告しています。身を入れて「聴く」という行為は、豊かな関係を形成してウェルビーイングを高めることにも影響しているのです。

キーワード　ラポール、非審判的態度

傾聴の目的①

傾聴は信頼関係を形成する

心の交流ができる「架け橋」

傾聴は、援助の対象者と援助職との間に**ラポール（rapport）**を形成します。ラポールは、カウンセリングの領域において、クライエントとカウンセラーとの心の通い合った関係を表現する言葉として使われていました。ラポールの語源は「架け橋」という意味を持つフランス語であることから、相手との関係を橋に見立てて、互いの信頼に基づき安心して自由に交流できる状態を意味しています。

カウンセリング場面だけでなく、医療や福祉、保健などの現場においても、援助を効果的に行うためにラポールの形成が必要なことは言うまでもありません。

聴くことはラポール形成の第一歩

援助の対象者から信頼を得るためには、いつも身を入れて聴くことを心がけましょう。自分の話に関心を持って耳を傾けてくれる人に、援助の対象者は好意を感じて心を開きます。それは、その聴き方から、「あなたは大切な存在です」という援助職の気持ちと、「あなたを理解したい」という誠意が伝わるからです。

他愛もない話をしていても、援助の対象者は、援助職をよく観察しています。そして、自分の悩みや問題などを打ち明けてもよい相手であるかどうかを判断しているのです。援助職に対して、「私の話を受けとめてくれそうな人」と思えたときに、援助の対象者は警戒心を和らげて、本当に言いたかったことを話し始めます。反対に、「この人はちゃんと私の話を聴いてくれるだろうか」と疑心暗鬼なままでは、自分のプライベートな情報を積極的に提供したり、直面している問題や抱えている悩みなどを打ち明けたりしようという気持ちにはなりません。援助の対象者が、心を許して話をすることができる。そのような打ち解けた関係性が、ラポール形成の入り口となるのです。

きき方によって変わる相手の反応

「聞く」と「訊く」では・・・

- どこまで自分に関する情報を話してよいか警戒される
- 援助職からの助言や提案を素直に受けとめてもらえない

「聴く」ことができると・・・

- 自分に関する情報を積極的に提供してくれるようになる
- 内在化された感情や本音などを語ってくれるようになる
- 援助職からの助言や提案に耳を傾けてもらえるようになる

非審判的態度で聴く

ラポール形成において、援助職は**非審判的態度**で傾聴することが大切です。

審判とは「これは良いこと（あるいは悪いこと）」「これは正しいこと（あるいは誤っていること）」などの判断や評価をすることを意味しており、このような審判を挟まずに援助の対象者と向き合うことを非審判的態度と呼びます。アメリカの社会福祉学者バイステック（Biestek, F.P.）は、クライエントが持つ「審判されたくない」「非難されたくない」というニーズに応じるため、非審判的態度をケースワークの原則の1つとしています。

特に信頼関係を形成する段階では、援助職の態度は大きな影響力を持ちます。どのような話をしても援助職が審判を挟まずに聴くことで、援助の対象者のなかに「この人になら、もっと話してみようかな」という気持ちが生まれます。逆に、援助職の審判的な態度は、ラポールを形成するうえで大きなつまずきとなるため注意が必要です。

キーワード　パターナリズム、客観的な情報、主観的な情報

傾聴の目的②

傾聴はその人らしさを大切にする

パターナリズムへのリスク回避

傾聴は、その人らしさを大切にした援助の実現にも欠かせません。援助職がこれまでの経験から、その人にとって必要と思われる援助を提供しても、それが本当に相手の望む支援になるとは限りません。相手の利益のためであっても、その人の意思にかかわりなく介入・干渉することを**パターナリズム**といいます。父権的温情主義とも呼ばれ、父子関係のような、強い立場にある者から弱い立場にある者への一方的なかかわりを意味します。

医師と患者の関係において、患者の利益を名目に、医師が治療方針を一方的に決めるのはパターナリズムの代表例と言えるでしょう。医療の現場に限らず、専門的な知識や技術を有する援助職と非専門家である援助の対象者との間には、パターナリズムに基づく介入や干渉が起こるリスクが潜在します。そのリスクを回避するためには、援助の対象者の声を聴き、その人の思いや望みに沿った援助を提供する必要があります。

傾聴することで得られる情報

記録や書類などから得られる**客観的な情報**によって、その人がどのような人物であるかを知ることはできますが、それらの情報だけでは「その人らしさ」は見えてこないでしょう。援助の対象者の思いや望み、考えなどの**主観的な情報**は、本人に語ってもらわなければ得られないことも多いのです。

その一方で、援助の対象者が自身の思いをいくら一生懸命に語っても、それを援助職が丁寧に聴き、受けとめることができなければ、「その人らしさ」を知るための情報を聞き流してしまうこともあります。本人の語りから、その人を深く知るための情報を得ることができるかどうかは、援助職の傾聴する力によるところが大きいと言えるでしょう。

その人らしさを知るための3つの情報

●記録から得られる情報

記録や書類を読むことで得られる**客観的な情報**のことです。援助の対象者に関する個人情報（年齢、出身地、家族構成、既往歴、現病歴など）や、生活環境全般に関する情報を得ることができます。

●傾聴から得られる情報

援助の対象者から直接話を聴くことで得られる**主観的な情報**のことです。その人の思いや望み、考えなど、本人に語ってもらうことで知ることができる情報です。

●観察から得られる情報

援助の対象者に直接会って観ることで得られる非言語的な情報のことです。傾聴するときは、その人が語る言語情報ばかりでなく、観察から得られる情報にも注意を向けることが大切です。

援助の対象者の「その人らしさ」を大切にするためには、記録や書類から得られる客観的な情報だけでなく、傾聴することで得られる主観的な情報や、観察から得られる情報を収集して組み合わせることが重要です。

キーワード　アウェアネス効果、オートクライン、カタルシス効果

傾聴の目的③

傾聴は心を支援する

語ることによる心理的な効果

傾聴は、援助の対象者の語りを促進させて、その人の心を支援します。例えば、頭のなかが混乱してモヤモヤした状態のとき、誰かに話をしているうちに考えが整理されて、すっきりした気分になることがあります。これを、心理学では**アウェアネス効果**と呼びます。私たちは語ることで、自分の考えや気持ちを整理しているのです。

アウェアネス効果は、オートクラインが起こることによって得られる心理的な効果と考えられています。**オートクライン**とは、自分で話した言葉が自分自身に作用することを意味する用語です。具体的には、聴き手に話しかけながら、同時に自分自身もその話を聴いている状態を指します。声に出して語ることで、そのときの状況や自分自身の言動を客観的に捉えることが可能になり、頭のなかが整理されたり、新たな気づきが得られたりするのです。

また、語ることによって、心のなかに抱え込んだ感情を言葉にして解放すると、緊張状態がほぐれて気持ちが楽になることもあります。これは**カタルシス効果**（p.59）と呼ばれる心の浄化作用によるものです。

聴き手がいなければ語れない

語ることによってアウェアネス効果やカタルシス効果を経験すると、聴き手に対して「話を聴いてもらって、すっきりした」「聴いてくれて、ありがとう」などの言葉が自然に出てきます。その言葉が意味する通り、聴き手がいなければ私たちは語ることはできません。

聴くことは援助の対象者の語りを促進させる行為ですが、援助職の聴き方によって、語りから得られる効果は大きく変わります。援助の現場では、語りの効果を最大限に引き出すことを意識して傾聴することが大切です。

アウェアネス効果

頭のなかが混乱している状態  語る  考えが整理される

カタルシス効果

心のなかに不快な感情を抱いている状態  語る  不快な感情が解放される

傾聴の“かきくけこ”

傾聴の“かきくけこ”とは、傾聴するときの基本的な5つの要素を示したものです。

か：**環境を整える**……… 話しやすい雰囲気をつくる
き：**共感的に聴く**……… 聴き手に徹して共感を示す
く：**繰り返す**…………… 繰り返しの技法やリフレクションを活用する
け：**結論を急がない**…… 話を遮って先に進めようとしない
こ：**肯定する**・ ………… 肯定的関心を持って聴く

最後の「こ」は、「心を込めて」「心に寄り添う」などと表現されることもあります。
あなたなら、「こ」にどのような要素を当てはめますか？

キーワード　アクティブ・リスニング、フレームワーク

話し手にすべての意識を集中させる

身を入れて聴く

積極的に聴くことの本当の意味

傾聴は、すべての意識を相手に集中させて、その人と真摯に向き合う行為です。「全身を耳にして聴くこと」と表現されることもあるように、身を入れて相手の話を聴くことではじめて、その人の言葉だけではなく、非言語に表出されたメッセージも受けとめることが可能になります。

来談者中心療法（p.40）を提唱したロジャーズ（Rogers, C.）は、受動的に聞き流すのではなく、積極的に聴く行為であることを強調して**アクティブ・リスニング**（積極的傾聴）という言葉を使っています。積極的に聴くとは、相手に強制的に話をさせたり、聴き手主導で会話を進めたりすることではありません。相手から得た情報を丁寧に整理しながら聴き、そのときどきで必要な応答をすることで、その人が自分自身と向き合ったり、問題を自己解決したりできるように支援することを意味しているのです。

積極的傾聴に求められる2つのこと

アクティブ・リスニングでは、2つのことを同時並行的に行う必要があります。

1つは、相手から得た情報を整理することです。そのときどきで必要な応答をするためには、その人が語る言語情報ばかりでなく、観察から得られる視覚情報や、相手の声から得られる聴覚情報にも注意を向けて聴きましょう。

もう1つは、聴こうとする熱意を表現することです。相手が「ちゃんと聴いてくれている」と実感できるように、目に見える形で傾聴していることを表現しましょう。情報を整理することばかりに意識が向いてしまうと、話を聴いているときの自分の表情や姿勢などに配慮が行き届かなくなります。傾聴している表現を怠ると、相手は「ちゃんと聴いているのかな」と不安になり、話す意欲を低下させてしまうので注意が必要です。

アクティブ・リスニングで求められる2つのこと

相手から得た情報を整理する

相手が語る言語情報だけでなく、
観察から得られる情報にも
注意を向ける

聴こうとする熱意を表現する

自分の表情や姿勢などを
適切に活用して、
傾聴していることを相手に示す

スキルアップ

フレームワークを活用する

相手から得た情報は、話の内容にあったフレームワークで整理することによって、1つのまとまりのある情報に統合することができます。**フレームワーク**とは、情報や思考を整理したり、分析したりするための枠組みのことです。

時系列：情報を3つの要素「これまで（過去）」「今（現在）」「これから（未来）」で整理する。
5W1H：情報を6つの要素「When（いつ）」「Where（どこで）」「Who（誰が）」「What（何を）」「Why（なぜ）」「How（どのように）」で整理する。
事実・推定・感情：情報を「事実（実際にあった出来事）」「推定（出来事に関する解釈や意見）」「感情（出来事に伴う気持ち）」に区別して整理する。
プラス（+）・マイナス（−）：メリットとデメリットのように相対する要素がある場合には、プラス（+）とマイナス（−）に分けて整理する。

キーワード　インテーク

話し手の不安を受けとめる

言葉を遮らずに聴く

話をするときの2つの不安

一般的に、話を聴いてもらいたいと思う人には2つの不安が伴います。1つは、「上手く話せるだろうか」「ちゃんと説明できるだろうか」などの自分の話す力に関する不安です。話したいことがあっても、それを聴き手に理解してもらえるように言葉にすることは、多くの人にとって簡単ではありません。もう1つは、聴き手に対する不安です。「この人は自分の話を受けとめてくれるだろうか」「こんな話をして軽蔑されたらどうしよう」などと不安を感じながら話をすると、緊張してますます上手く話せなくなってしまいます。

この2つの不安に加えて、援助の対象者の場合、抱えている悩みや問題からもたらされる不安もあります。その人の悩みや問題そのものへの不安は、解決に向けて援助を進めていくことでしか解消できないかもしれませんが、話を聴いてもらおうとするときの2つの不安は援助職の真摯な対応によって緩和することが可能です。

丁寧な傾聴で気持ちを受けとめる

目の前にいる援助の対象者は、ちゃんと話すことができるか不安を抱いているかもしれません。あるいは、自分の話に援助職がどのように反応するのかが心配で緊張しているのかもしれません。それでも勇気を出して伝えようとする相手の気持ちを受けとめて、その人の話にまずはしっかりと耳を傾けて、言葉を遮らずに聴きましょう。

話を聴いているときに、言いたいことや尋ねたいことがあっても、口を挟まずに最後まで話を聴くことが大切です。聴いている間も、相手が安心して話し続けられるように、表情やうなずきなどで「あなたの話を聴いています」というサインを送って励ましましょう。援助の対象者は、そのような聴き方をする援助職を「私の話を受けとめてくれる人」あるいは「受けとめようと努力してくれる人」と判断するのです。

話をするときの2つの不安

自分の話す力に関する不安	聴き手に対する不安
「上手く話せるだろうか」	「自分の話を受けとめてくれるだろうか」
「ちゃんと説明できるだろうか」	「こんな話をして軽蔑されたらどうしよう」

安易に「大丈夫ですよ」などと伝えるより、丁寧に傾聴することで不安な気持ちを受けとめましょう。

インテークでの傾聴

インテークとは、相談援助において、援助の対象者と援助職が初めて出会う初回面接のことです。「受理面接」「相談受付」などとも訳されています。インテークでは援助の対象者の話を丁寧に聴き、相談内容（主訴）とその背景にある問題を明らかにします。その後の支援に必要な情報を得ることがインテークの目的ですが、同時に、援助の対象者と援助職の関係づくりもインテークから始まります。

そのため、インテークでは、援助の対象者の抱える3つの不安（初対面の援助職に対する不安、伝わるように説明することへの不安、抱えている悩みや問題そのものへの不安）を受けとめることが大切です。「この人になら安心して話ができる」と思えなければ、相手は援助を求めることを諦めてしまうかもしれません。また、インテークでは本人の主訴が本当のニーズと異なる場合も多いことに留意しながら、相手の話は最後まで聴いて全体を把握することも必要です。

キーワード　共感的な聴き方

話し手が聴いてほしいことを意識する

親身になって聴く

感情も話の大切な構成要素

傾聴するときは、話の「内容」と「感情」の両方を意識することが大切です。

話の内容に耳を傾けることで、その人が描写したかった状況や出来事などを把握することができます。その人の考えや意見などを知ることもできるでしょう。ところが、話の内容ばかりに意識を向けていると、話し手が不満を感じてしまうことがあります。なぜなら、もう1つの話の構成要素である感情への配慮が感じられないからです。

例えば、「約束を守ってもらえなかった出来事」について話をしているとき、相手が本当に伝えたいのはそのときの状況ではなく、約束を守ってもらえなかった悔しさや悲しさなどの感情であることも少なくありません。理解してほしかった「感情」を受けとめてもらえなければ、いくら援助職が話の「内容」に耳を傾けても、相手はしっかり聴いてもらったという実感を得ることはできないのです。

共感的に聴くときは「感情」を意識する

援助の現場では、「相手の気持ちに寄り添って話を聴きましょう」などとよく言われます。そのような**共感的な聴き方**をするときは、「内容」よりも「感情」のほうに意識を向けて耳を傾けることが大切です。

「感情」に関心を向けて聴くと、その人の心の揺らぎに付き合ったり、その人の内在化された思いを感じ取ったりして、何らかの感情移入を体験することになります。その体験から推察した相手の感情を言語化して伝え返すことで、援助の対象者に対する共感的な応答が可能になるのです。援助職の共感力を高めるためには、相手の「感情」に意識を向けて話を聴くことから実践してみましょう。

何を意識するかで、相手への応答が変わる！

援助の対象者

私はちゃんと約束を守って、その日は朝から自宅で待っていたのに、ケアマネジャーさんから『急用ができたので今日はそちらに行けなくなりました』って電話があって。急用なら仕方ないけど、言われた通りに必要な書類を準備して待っていたのに、あちらはあまり悪いと思っていないみたいで……

「内容」を意識して傾聴したときの応答例

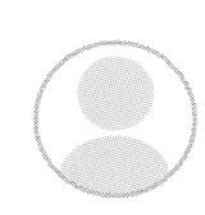

援助職

ケアマネジャーが急用で、約束の日に訪問できなかったのですね

ケアマネジャーは、あまり悪いと思っていない様子だったのですね

「感情」を意識して傾聴したときの応答例

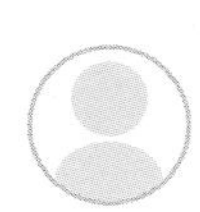

援助職

せっかく書類を準備して朝から待っていたのに、がっかりでしたね

ケアマネジャーの対応に、納得がいかないのですね

状況や出来事を正確に伝えたい、自分の考えや意見を理解してほしい、と相手が望んでいるときは「内容」に重きを置いた聴き方でよいでしょう。ただし、その場合でも「感情」も見過ごさないようにすることが大切です。内容そのものよりも、そのときの自分の気持ちを理解してもらいたくて話をすることも少なくないからです。

キーワード　相手本位の聴き方、自分本位の聴き方

話し手を主役にする

相手本位で聴く

主役は自分ではなく、相手

援助の現場では、会話の主体は援助職ではなく、援助の対象者であることが重要です。傾聴するときは、「主役は援助の対象者」であることを意識しましょう。主役が十分に語ることができるように、援助職がサポートする役に徹すると、自然と**相手本位の聴き方**になります。相手本位とは、相手を基準にすることを意味します。

それとは反対に、相手の話に耳を傾けているつもりでも、急いで情報を収集しようとしたり、効率よく会話を進めようとしたりしているときは**自分本位の聴き方**になりがちです。援助職のペースで、援助職が知りたいことのみに関心を向けて聴こうとすると、その会話の主役は話し手である相手ではなく、聴き手である援助職になってしまいます。援助職が自分のペースで話を聴くと、相手が考えたり、言葉を選んだりするための時間がもどかしくなって、「それで？」「だから？」「結局、どうなったのですか？」などと相手の言葉を催促してしまうのです。これでは、援助の対象者に心地よく話をしてもらうことはできません。

聴き方を意識して使い分ける

傾聴するときは、相手本位の聴き方を心がけましょう。できるだけ相手のペースで話をしてもらい、聴き手はそのペースに合わせて聴くことが基本です。ただし、聴き手主導で聴くこと自体が望ましくない、というわけではありません。援助の現場では、聴き手主導の聴き方が求められる場面もあるからです。例えば、限られた時間のなかで必要な情報を収集しようとするとき、特に緊急を要する場面では端的に情報を得るための聴き方も必要になるでしょう。大切なことは、場面に応じた聴き方を適切に選択すること、そして選択した聴き方が実践できることです。聴き手主導で聴くことが癖になってしまうと、知らず知らずのうちに自分本位の聴き方になりがちなので注意しましょう。

援助職が主役になってしまう聴き方

- 自分のペースで話を聴こうとする
- 「それで？」「だから？」と話すことを急かす
- 「結局、どうなったのですか？」と話の結論を急ぐ

傾聴ロボット

会話において何を話すかは、相手によって変わります。初対面の人と話すときと、気心の知れた友人と話すときでは、話し方だけでなく話す内容も異なります。では、話をする相手がロボットだったら、どうなるのでしょうか。

高齢者のライフレビュー（聴き手との会話のなかで、自らの人生を回想して意味づけする方法）において、聴き手が人間だった場合と、ロボットだった場合との違いを検証した心理学的研究があります。その人が人生のなかで大切にしてきた価値観について、より語ることができた聴き手は人間ではなく、ロボットでした。高齢者が人間の聴き手に対して、気負いや引け目を感じてしまい、それらの感情が語りに影響を与えたことが理由として考察されています。

傾聴ロボットだからこそ、素直に語ることができる可能性が示唆される一方で、私たちが傾聴するときに大切なことを、あらためて考えさせられる結果とも言えるでしょう。

キーワード　**援助的コミュニケーション**

援助的コミュニケーションを常に心がける

援助の専門家として聴く

援助の現場での会話には目的がある

援助の対象者との会話には、家族や友人間のコミュニケーションとは異なる特徴があります。プライベートな場面では、その人と会話すること自体が目的となる場合が多く、話したいことや表現したいことを互いに自由に伝え合います。それに対して援助の現場では、援助の対象者と援助職という役割に基づき、それぞれが何らかの目的を持って会話をしています。

援助の対象者が、家族でも友人でもない援助職に対して、自分自身の悩みや問題について話をするのは、それを解決したいという目的があるからです。その一方で、援助職にも自身の役割に基づいたコミュニケーションの目的があります。例えば、「援助の対象者を理解したい」「援助の対象者と良い関係を形成したい」、そして「直面している問題を一緒に解決したい」などです。援助職にとってコミュニケーションは援助的な目的のための手段であり、それを意識することで援助の専門家としてのプロフェッショナルな聴き方が可能になります。

相手が望むのは専門家としての対応

雑談のような会話であっても、援助の対象者には「自分のことを知ってもらいたい」「自分の状況を気にかけてほしい」などの思いがあるはずです。援助職には、その人の言葉に耳を傾けて、その背景にあるニーズを意識した応答をすることが求められます。

親しく言葉を交わす間柄になったからといって、友人と話をするときのように援助の対象者と会話すると、相手は「だんだん馴れ馴れしくなってきた」「自分への対応が雑になっている」などと感じるかもしれません。援助の対象者との会話では、援助職としての自分の役割を意識した**援助的コミュニケーション**を常に心がけましょう。

プライベートな場面での会話

- 会話をすることそのものが目的
- 会話をする場所や時間は限定されていない
- 会話における役割はない
- 互いに話したいことを伝え合う

援助的コミュニケーション

- 効果的な援助を提供するための手段
- 会話をする場所と時間が限定されている場合が多い
- 会話では援助の対象者を主体とする
- 援助職は、援助の対象者のニーズを意識しながら相手本位で聴く

援助的コミュニケーションでは、限られた時間だからこそ会話の質が大切です。相手が「自分の話をちゃんと受けとめてもらえた」と安心できる、そのような聴き方と応答を心がけましょう。

キーワード　**ブロッキング**

相手の話を上手に聴けない理由

傾聴するときの心の壁

聴くことを邪魔するブロッキング

上手に話を聴くためには、目の前にいる相手に意識を向けることが必要です。ところが、話を聴いているうちに、相手に向けていたはずの意識が、自分に向いてしまうことがあります。例えば、話を聴きながら「自分にも同じような体験があったな」と思い起こしているときや、相手が発言したことを「本人は気づいていないだけで、本当は……」などと深読みし始めたりしているときは、相手の話を聴くことに集中できていません。

それどころか、「私の経験も話したい」「今すぐ、アドバイスしてあげたい」などの気持ちが生まれて、その結果、相手の話に口を挟んでしまうことになるのです。聴き手に起こるこのような現象を**ブロッキング**といいます。ブロッキングは聴くときの心の壁となって、傾聴することを邪魔するため留意が必要です。

最短距離がベストとは限らない

援助の対象者が言いたいと思っていることを急いで理解しようとすると、相手の話を先読みしてしまいがちです。これまでの経験から「これ以上話を聴かなくても、何を言いたいのかは想像できる」と早合点して、聴くことを早々に切り上げてしまうと、その後の会話が的外れなものになってしまうかもしれません。ブロッキングを防ぐためには、相手が話す内容について先入観を持たず、勝手に自己解釈せずに耳を傾けることが大切です。

すぐにでも解決に向けた助言や提案ができるように、援助職が急いで話を理解しようとしても、援助の対象者は最短距離で会話を進めることを望んでいるとは限りません。効率よく会話を進めて問題解決を急ごうとしても、相手は「意見や助言は、私の話をちゃんと聴いてからにしてほしい」と思っていることが多いのです。意見や助言をするときは、相手の話をしっかり聴いて、その必要性を判断してからでも遅くないでしょう。

ブロッキングの例

援助の対象者

最近、気分が沈みがちです。
思い当たるきっかけは特にないのですが……

自分の話をしたくなるブロッキング

私もそういうときがありました。
私の場合は、転職したことがきっかけで……

援助職

意見したくなるブロッキング

専門の医師に診てもらいましたか？
早く病院に行かなくてはダメですよ

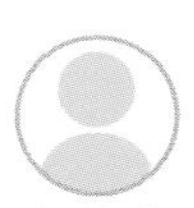

援助職

解釈しようとするブロッキング

それは、うつの典型的な症状ですね。
中高年はうつになりやすいんですよ

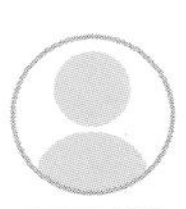

援助職

深読みしてしまうブロッキング

本当は思い当たることがあるのでは？
ご家族の間で何か問題があるとか？

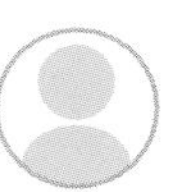

援助職

教えてあげたくなるブロッキング

そういうときは、ゆっくりお風呂に入って
リラックスするのが一番です

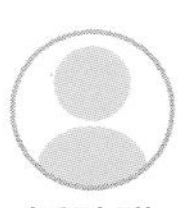

援助職

DL対応

Check List 1 チェックリスト 聴くときの自分の癖を知っておこう

ブロッキングに対処するためには、自分がやってしまいがちな聴き方の癖を知っておくことが大切です。以下の項目で、当てはまるものにチェックをつけてみましょう。自分の癖を知ることで、もっと上手に聴くためのヒントが見えてくるはずです。

- ☐ **1** すぐに自分の体験談を持ち出す
- ☐ **2** 相手の話に触発されて「私なら……」などと自分のことを話したくなる
- ☐ **3** 自分の意見や考えは積極的に伝える
- ☐ **4** 自分が正しいと思う方向についい誘導したくなる
- ☐ **5** 専門的な知識に照らし合わせて話を整理することが多い
- ☐ **6** 相手の悩みの原因を追及したくなる
- ☐ **7** 自分なりに推測した因果関係などを説明したくなる
- ☐ **8** 相手の発言を勝手に深読みしてしまう
- ☐ **9** 援助の専門家として、知識や技術を指導したくなる
- ☐ **10** 「そういうときは○○すればいいんですよ」と自分の知っている解決策を教える

解説

● **1や2に☑　自分の話をしたくなる癖**

「私にも同じような経験があります」と自身の体験談を語り出したり、「私なら……」と自分事として話をしたりすると、援助職が話し手になってしまい、その分相手は十分に話すことができなくなります。

● **3や4に☑　意見したくなる癖**

「そういうことを言うからダメなのですよ」「それは、○○するべきでしたね」などの意見が多いと、相手は「お説教された」と感じるかもしれません。

● **5や6に☑　解釈しようとする癖**

「それはつまり、○○ということですよ」「だから○○になったのでしょう」などと、話の内容を診断的に理解しようとすると、相手の話を共感的に聴くことができません。

● **7や8に☑　深読みしてしまう癖**

「本当は○○ではないですか」「原因は、きっと○○ですね」などと、憶測で決めつけるような応答をすると、相手を傷つけてしまうこともあります。

● **9や10に☑　教えてあげたい癖**

「そういうときは○○すればよいのです」「○○したら、きっと上手くいきますよ」などと教えてあげたくなるのは、「援助の対象者の役に立ちたい」という気持ちが強い援助職に多くみられがちな癖です。

これらの癖はブロッキング現象を生じさせて、傾聴する邪魔をします。まずは相手の話を聴くことに集中しましょう。援助職自身の体験談を話したり、助言したりするのは、相手の言葉を受けとめて、その必要性を判断してからのほうが効果的です。

パーソン・センタード・アプローチ

パーソン・センタード・アプローチとは、ロジャーズ（Rogers, C）によって開発されたカウンセリングの方法のことです。当初は、**来談者中心療法**（クライエント中心療法）と呼ばれていましたが、来談者（クライエント）に限定せずに、より広い対象に適用できる方法として**パーソン・センタード・アプローチ**という名称が使われるようになりました。

パーソン・センタード・アプローチでは、クライエントの問題を解決するためにカウンセラーがアドバイスしたり、説得したりすることはありません。カウンセラーは、クライエントが自ら問題に向き合い、自分で解決しようとすることを見守り援助します。なぜなら、パーソン・センタード・アプローチでは、クライエントが持っている「自ら成長しようとする力」を信じることが基本だからです。

ロジャーズは、人間はもともと**自己実現**へと向かう性質を持っており、クライエントが「自ら成長しようとする力」を十分に発揮できるように支援することこそが重要と考えました。クライエント本人が自身の可能性に気づくことができるように寄り添い、支援する手段がアクティブ・リスニングなのです。

パーソン・センタード・アプローチは援助における傾聴の重要性を強調したことで、現代のカウンセリングに大きな影響を与えました。現在でも、心理的な支援を目的とする傾聴は、ロジャーズが提唱したアクティブ・リスニングの考え方に基づいています。

第2章

【基本編】受けとめる力〈受容とは〉

傾聴するときに最も大切なのは、相手をありのままに
受けとめようとする援助職のマインドです。
傾聴のテクニックを習得して活用したとしても、
そのベースに相手の存在そのものを受けとめ、
その人を理解しようとするマインドがなければ、
形式的な聴き方になってしまうでしょう。
第2章では、受容の基本について学びます。

このような聴き方をしていませんか？

- □ 会話を始めるときの挨拶がおざなりになりがち
- □ 弱音や愚痴のような発言は聞き流す
- □ 物事は「白か黒か」をはっきりさせないと気が済まない
- □ 応答するとき、「でも」「だけど」から始まることが多い
- □ 自分ならどう感じるかを基準にして、相手の心情を理解する

第2章では、✔がついた項目を改善する方法を紹介しています。
実践編で技術を学ぶ前に、受容の基本を確認しましょう。

キーワード　受容（アクセプタンス）、被受容感、存在承認

相手をありのままに受けとめる力

援助的態度としての受容

ありのままに受けとめる

受容（アクセプタンス）とは、相手をあるがままに受け入れることです。その人の態度や言動がどのようなものであっても、それを「その人のありのままの姿」として捉えて尊重することを意味します。

援助の対象者が安心して心を開くのは、「この援助職は、どのような自分でも受けとめてくれる」と思えたときであり、その確信が得られなければ自分のことや自身の悩みなどを積極的に話す気持ちにはなれないでしょう。それどころか、援助職の顔色をうかがいながら否定されそうだと思われる言動は避け、受け入れてもらえそうなことだけを選択して話そうとするかもしれません。

援助の対象者を受容するためには、長所だけでなく短所も、肯定的な発言だけでなく弱音や愚痴のような言葉も、前向きな行動だけでなく自己防衛的な行動もすべて含めて、その人として捉えることが大切です。

大切なのは被受容感

心理学では、「自分は相手に受け入れられている」という認識のことを**被受容感**と呼びます。援助職が受容的な態度で接しているつもりでも、相手に被受容感がなければ、その人を受け入れていることにはなりません。被受容感の土台となるのは、**存在承認**です。存在承認とはその人の存在そのものを肯定することであり、「あなたは大切な存在です」というメッセージを伝える言動すべてが含まれます。

傾聴も、その人の存在を承認する方法の1つです。私たちには大切に思っている人の話には熱心に耳を傾け、どうでもいいと思っている人の話は聞き流す傾向があるため、援助の対象者は、援助職の聴き方から自分がどのように思われているのかを感じ取るのです。

存在承認する方法

- 心を込めて自分から挨拶する
- 相手を名前で呼ぶ
- 話しかけるときは相手と視線を合わせる
- 話しかけられたら相手のほうに顔と身体を向ける
- 相手の話を傾聴する

「あなたは大切な存在です」というメッセージを伝える言動すべてが存在承認です。

不適切な対応

- いい加減な挨拶をする
- 相手に関心を示さない
- 話しかけるときに相手と視線を合わせない
- 話しかけられても相手のほうに顔を向けない
- 相手の話を聞き流す

出会いの場面で援助職がおざなりな挨拶をすれば、その瞬間に相手は「自分の存在が否定された」と感じ取ってしまうでしょう。自分の存在が肯定されないままでは、被受容感を得ることも難しくなるのです。

バイステックの「受容の原則」

相談援助における受容

受容は相談援助における原則

相談援助の現場に限らず、多くの援助職に活用されている実践理論の1つに**バイステックの7原則**があります。アメリカの社会福祉学者バイステック（Biestek, F.P.）は、援助の対象者の基本的ニーズを7つ挙げ、そのニーズに応じるための援助職の行動を7つの原則として整理しました。1つの原則は他の原則とも結びついており、援助職が7原則すべてを欠かすことなく実践することで良い援助関係が形成できると考えられています。

受容（アクセプタンス）は、バイステックの7原則の1つです。バイステックは、弱点や問題を抱えていても、あるいは失敗や挫折を経験していても、援助の対象者はひとりの価値ある人間として、また生まれながらに尊厳を持つ人間として受けとめられたいというニーズを持っていると考えました。援助職がそのニーズに応えるためには、援助の対象者を受容して、その人が表出した感情に共感的な理解を持って対応することが大切であるとバイステックは説明しています。

受容することと肯定することは別

援助の対象者と日々向き合うなかで、ときには理不尽と思われる言動に直面することもあるでしょう。そのような場面では受容することの大切さを理解していても、実践する難しさを感じるかもしれません。受容は「受け容れる」と漢字で書くため、「相手の主張がどのようなものでも無条件に聞き入れること」などと思われがちですが、それは誤解です。

受容は「受け容れる」のではなく、「受けとめる」ことと理解してみましょう。特に受容する難しさを感じたときは、評価を挟まずに、その人の特性として捉え受けとめます。正／誤、良／悪などの判断は脇に置いて、「そのような考え方をする人」「そのような反応の仕方をする人」などと、その人のありのままの姿として受けとめてみることが大切です。

バイステックの7原則

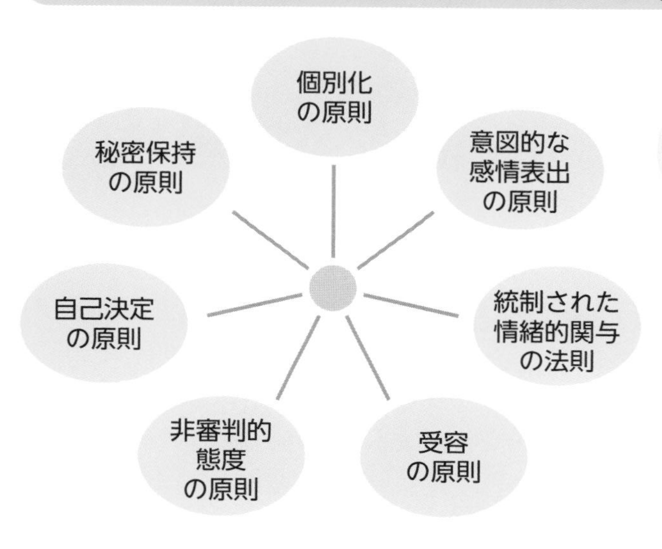

それぞれの原則は、
他の原則と結びついており、
一つでも欠かさない
ことが大切！

原則	意味	内容
個別化	相手を個別に捉える	同じような特徴を持っていても、一人ひとり違うことを認識して尊重する
意図的な感情表出	相手の感情表現を大切にする	肯定的な感情も否定的な感情も安心して自由に表現できるようにかかわる
統制された情緒的関与	援助職は自分の感情を自覚して吟味する	援助職は自身の感情をコントロールして、意図的に反応する
受容	相手を受けとめる	どのような態度や行動であっても受けとめて、あるがままに理解する
非審判的態度	相手を一方的に非難しない	援助職の価値観や倫理観によって判断したり非難したりしない
自己決定	相手の自己決定を促して尊重する	自分自身で選択と決定が行えるように支援する
秘密保持	知り得た相手の秘密を守る	秘密を保持して信頼感をつくり上げる

キーワード　**無条件の肯定的関心、自己一致**

カウンセラーの3つの条件

心理的支援における受容

アクティブ・リスニングに欠かせない受容

アクティブ・リスニング（積極的傾聴）とは、アメリカの心理学者ロジャーズ（Rogers, C）が提唱した来談者中心療法（p.40）におけるカウンセラーの聴き方のことです。ロジャーズは、アクティブ・リスニングにおける条件としてカウンセラーの3つの態度を挙げています。そのうちの1つである「unconditional positive regard/acceptance」は一般的に、「無条件の肯定的関心」や「無条件の肯定的配慮」などと訳されていますが、この条件こそが受容を意味しています。

無条件の肯定的関心とは、相手の発言や態度がどのようなものであっても、それを評価することなく、肯定的な関心を持ち続ける態度のことです。その人のありのままを、ただ無条件に受けとめる。そのようなカウンセラーの前では、クライエントは誰かに批判される恐怖から解放されて、自分の素直な考えや感情と向き合うことが可能になるのです。

3つの態度は「聴き上手の条件」

ロジャーズが提唱したカウンセラーの3つの態度は、カウンセリングの場面に限らず、援助の対象者の話を上手に聴くためにも欠かせない条件です。援助職がその人を無条件に受けとめて、相手の気持ちに寄り添いながら傾聴することで、援助の対象者は自分が尊重されていることに気づくでしょう。自分の話を丁寧に聴いてくれる人がいることで、援助の対象者は自身の存在を価値のあるものとして認められるようになります。援助の対象者が自分自身を受け入れることができず、「自分はダメな人間だ」などと否定したままでは、その人が本来持っている力を発揮して自ら問題に向き合うことはできません。援助の対象者が、自分で自分を肯定できるように支援する聴き方こそがアクティブ・リスニングなのです。

カウンセラーの3つの態度

無条件の肯定的関心 (unconditional positive regard / acceptance)	共感的理解 (empathic understanding)	自己一致 (congruence / genuineness) ※純粋性と訳されることもあります
クライエントを無条件に受け入れ、肯定的な関心を持ち続ける態度のこと	クライエントの感情に理解を示して寄り添う態度のこと	カウンセラーが自らを偽ることなく、自分の内面を受け入れる態度のこと

衝動的な一言を防ぐ「自己一致」

自己一致とは、カウンセラーが自分の心に起きていることに気づき、それを偽ることなく認める態度のことです。例えば、クライエントと接している場面で、相手にイラッとすることがあるかもしれません。そのときに、カウンセラーがイラッとした自分の経験に気づき、それを認めることが自己一致です。**自己一致**とは、「イラッとした」という経験と、「イラッとした自分」という自己概念が一致している状態のことを意味します。

自分の感情が意識できていない、あるいは自分が抱いた感情を認められず偽ったままでは、カウンセラーの言動を通して、その感情がふっとしたときに表に出てきてしまいます。取り返しのつかない一言が口をついて出てしまったり、応答した言葉の内容とは裏腹の感情がカウンセラーの表情や声の調子などにあらわれたりしがちです。

問題になるのは、イラッとした体験自体ではなく、イラッとした感情から衝動的に生じる言動です。そのような言動を防ぐためには、「私はイラッとなんてしていない」などと無理に自分を偽ることなく、いつも自己一致を意識することが重要と言えるでしょう。

キーワード　**無関心、対立**

価値観の異なる人を受けとめる

受容するときの心の壁

その人の価値観はその人のもの

援助職には、専門分野ごとに定められた倫理基準や行動規範があります。援助の現場では、それらの基準や規範に基づいた判断や行動が求められますが、援助職一人ひとりの考え方や価値観は人それぞれです。同様に、援助の対象者の考え方や価値観も人それぞれ異なります。

自分と考え方や価値観が似ている人の話には耳を傾けやすく、その人の言葉を素直に受けとめることができるでしょう。その一方で、自分とは異なる考え方をする相手や、自分にはない価値観を持つ相手に対しては、肯定的な関心を持って傾聴することが難しく感じられるかもしれません。そのようなとき、援助職の心のなかに無関心や対立が生じやすくなります。

「どうして、そう考えるのだろう？」と関心を持つ

無関心や対立を避けるためには､援助職自身の価値観を少し脇において傾聴します。「どうして、そのように考えるのだろう？」と関心を持って、相手の話に耳を傾けてみましょう。その背景や理由を知ることが､自分とは異なる人を理解する手がかりになるからです。

それでも相手の価値観を理解できないときは、「そのような価値観を持っている人」であることを受けとめます。自分とは異なる価値観であっても「この人にとっては大事なことなんだ」と受けとめることではじめて、その人との関係づくりが可能になるのです。

私たちは、自分の考え方や価値観を認めてくれた人に心を開きます。その一方で、「どうでもいい」と**無関心**な人や、「私の考えに同意させたい」とばかりに**対立**する人に対しては、自分の考えや思いを伝えても、きっと受け入れてくれないだろうと判断して心を閉ざしてしまうのです。

価値観の異なる人への心の壁

「人それぞれだから、どうでもいい」

確かに価値観は人それぞれ異なりますが、だからといって「どうでもいい」と距離を置いてしまうのは無関心です。「人それぞれ」だからこそ、自分とは異なる考え方や価値観を受けとめて尊重しなければ、相手を理解することも、その理解に基づいた関係を形成することもできません。

無関心

「自分の価値観に同意させたい」

自分が正しいと主張するだけではおさまらず、相手にも自分と同じ考えや価値観を持つことを求めようとするのが対立です。そのときは相手が納得した様子でも、それは表面的な同意かもしれません。同意が得られない相手に対しては、「あの人にいくら説明して無駄」などと結論づけてしまいがちです。

対立

相手の価値観を理解しようとするのと同様に、自分自身の価値観について自覚しておきましょう。援助職が自分の価値観に無自覚なままでは、知らず知らずのうちに、自分の個人的な考えを相手に押しつけてしまうリスクがあるからです。

キーワード　認知の歪み、認知バイアス

自分の考え方を絶対視しない

受容を妨げる認知の歪み

非合理的・非適応的な思考の癖

受容的な態度を心がけていても、援助職に認知の歪みがあると、相手をありのままに受けとめることができません。**認知の歪み**とは、心理学者のベック（Beck, A.T.）が提唱した、非合理的で非適応的な思考のパターンのことです。当初はうつ病患者特有の認知の仕方にみられる傾向を意味していましたが、現在では、私たちの日常にみられる非合理的思考も「認知の歪み」と表現されるようになりました。

認知の歪みがあると、援助の対象者だけでなく、自分自身や自分に起こった出来事に対しても、ありのままに受けとめることができなくなります。p.51のCheckList2「こんな思考の癖はありませんか？」にチャレンジして、日常よく使っている言葉や表現から、あなたの思考パターンを振り返ってみましょう。

思考の根拠や裏付けを探す

認知の歪みは、相手をあるがままに受けとめる妨げになるだけでなく、その人との良好な関係を形成・維持するうえでも、けっして良い影響は及ぼしません。私たちは「どのような考え方をしていても、言葉にさえ出さなければ問題にはならない」などと安易に考えてしまいがちですが、歪んだ思考は無意識のうちに言動にあらわれてしまうことがあります。それだけでなく、援助職自身にもネガティブな感情を引き起こし、ストレスをつくり出してしまうこともあるのです。

偏った思考にならないようにするためには、常に事実に目を向けて、自分の考えを柔軟に軌道修正することを心がけましょう。物事や援助の対象者に対する自身の捉え方を絶対視せずに、「そのように考える根拠はどこにあるのか」「それを裏付ける事実は何か」などと思い返すことが大切です。

DL対応

Check List 2 チェックリスト こんな思考の癖はありませんか？

口癖は、その人の思考の癖を知るヒントになります。普段、以下のような言葉をよく使っていませんか？　p.52〜53の解説に、口癖からわかる思考の癖を説明していますので参考にしてみてください。

- □ **1** 「きっとそうにちがいない」
- □ **2** 「このように思っているはず」
- □ **3** 「はい?　いいえ?　どっち?」
- □ **4** 「結果が悪ければ、やったことにならない」
- □ **5** 「いつもそう、必ずこうなる」
- □ **6** 「みんな、そう言っている」
- □ **7** 「どうせ上手くいかない」
- □ **8** 「どうせ大したことはない」
- □ **9** 「こうするべき」「こうあるべき」
- □ **10** 「こうしなければいけない」

解説

1や2に☑　恣意的推論

恣意的推論とは、根拠なく「きっとそうにちがいない」と決めつける思考のことです。恣意的とは、自分だけの考えで物事を判断する様子をあらわします。相手に確認したり、十分に吟味したりせずに「このように思っているはず」と決めつけてしまうと、相手をあるがままに受けとめることはできません。

3や4に☑　二分割思考

二分割思考とは、物事のすべてを二極化する思考のことです。「白か黒か」をはっきりさせないと気が済まない思考であることから、白黒思考とも呼ばれます。白か黒かだけで判断しようとすると、その間にあるグレーの存在を認めることができなくなります。

また、完璧主義的な思考が強くなると、100点満点を求めて努力する一方で、理想通りの結果が得られなかったときには「これではやったことにならない」「ぜんぜんダメだった」などと捉えてしまいがちです。

5や6に☑　過度の一般化

過度の一般化とは、少ない事象から、それが多くの場合に当てはまるかのように考える思考のことです。例えば、数回経験したことを、「いつもそう、必ずこうなる」などと捉えたり、数人の意見を聞いただけで「みんな、そう言っている」と結論づけたりするのが過度の一般化です。

● **7や8に☑　どうせ思考**

過度の一般化とともにあらわれやすいのが、どうせ思考です。これまでの経験から、何を言っても、あるいは何をしても結果は変わらないと考えると、諦めや投げやりな気持ちが生まれてしまいます。「どうせ言ってもわかってもらえないだろう」「どうせ今回も上手くいかないだろう」などのどうせ思考は、実際に何かを試す前に失敗すると決めつけてしまう考え方です。

また、どうせ思考には「どうせ大したことはないだろう」と甘く見積もり、たかをくくる考え方もあります。物事の程度や相手の力量をその程度だと安易に予想すると、さまざまな可能性を見逃してしまうかもしれません。

● **9や10に☑　べき思考**

べき思考とは、「こうするべき」「こうあるべき」などと考える思考のことです。べき思考には、その人のなかにあるコアビリーフがあらわれます。コアビリーフとは、自分にとって正しいと思っていることであり、自分にとってのルールとも言えるでしょう。「こうするべき」と考えること自体に問題はありませんが、その思考が強くなって「こうしなければならない」と考えるようになると自分自身や相手を支配してしまいます。

認知の歪みと混同されやすい心理学用語に、**認知バイアス**があります。認知バイアスとは、誰もがやってしまいがちな直感的思考や思考の傾向のことです。代表的なものに、**確証バイアス**（自分の考えを支持する情報や証拠だけを集めたり、重視したりする傾向）や**正常性バイアス**（災害などの異常事態を正常の範囲内として過小評価し、自分は大丈夫と考えてしまう傾向）などがあります。

キーワード　否定する言葉

相手の言葉を受けとめる

コミュニケーションにおける受容①

受容を表現するコミュニケーション

「援助の対象者をあるがままに受け入れよう」という援助職の思いは、日々のコミュニケーションを通して適切に表現することが必要です。ただ心のなかで思うだけでは、受容的な態度を実現することはできません。

本書の第3章で紹介しているSOLERの姿勢（p.68）は、相手を受容しようとする援助職の気持ちを効果的に表現する方法の1つです。援助の対象者は、援助職の姿勢や顔の表情、声の調子などを観察して、「自分を受けとめてくれそうな人」かどうかを判断します。自分を受けとめてくれそうだと判断できなければ、自分自身のことや自分が直面している問題などを積極的に話そうとは思えないでしょう。受容的な態度を実現するためには、言葉以外の手段からも多くのメッセージが相手に伝わっていることを意識しましょう。

受容の第一歩は「言葉」を受けとめる

本書の第4章では、言葉を受けとめるための技法を紹介しています。援助の対象者の発した言葉をそのまま受けとめることが、その人を受容する大切な一歩になります。例えば、「上手くいかないことばかりで、もう疲れてしまいました」という発言に対して、まずは「疲れてしまったのですね」と、その人の言葉をそのまま受けとめます。

励ますつもりで「そんなこと言わないでください」などと援助職が応答すると、援助の対象者にはそれが自分を否定する言葉に聞こえてしまうこともあります。「もう疲れてしまいました」という発言に対して、援助職が「そんなこと」と応答した時点で、相手は自分のこれまでの努力や苦労を受けとめてもらえなかったと感じてしまうでしょう。そのような誤解を与えないためにも、まずは、相手の言葉をそのまま受けとめることが大切です。

コミュニケーションにおける受容

自分

相手

聴く準備をする（第3章） ⇐

言葉を受けとめる（第4章） ⇒
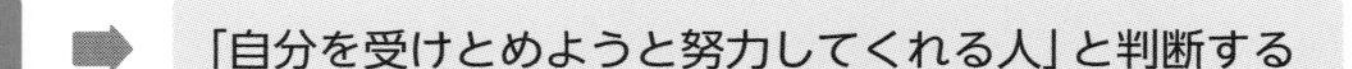

感情を受けとめる（第5章） ⇒
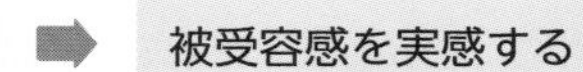

積極的に働きかける（第6章） ⇒
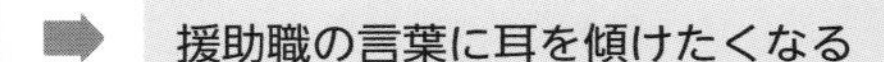

「でも」「だけど」は受容していないサイン

援助の対象者とのコミュニケーションでは、「でも」「だけど」という言葉は避けましょう。「でもね、それは」「だけど、そうは言っても」などと、応答するときの前置きとして「でも」「だけど」をつけてしまう人がいます。単なる癖であっても、「でも」「だけど」は、**否定する言葉**です。相手は「自分の言っていることが否定された」と感じてしまうので注意が必要です。

第4章の言葉を受けとめる技法を活用して、相手の言葉をそのまま繰り返したり、自然な表現に言い換えて返したりすると、「でも」「だけど」の表現を使う機会がなくなります。条件反射のようについ言ってしまう口癖は、言わないように気をつけようと思うだけでは直りません。相手の言葉を受けとめる応答が、「でも」「だけど」に代わる新たな口癖になるまで繰り返し実践してみましょう。

キーワード　心理的安全性

相手の感情を受けとめる

コミュニケーションにおける受容②

感情に焦点を当てて聴く

傾聴しながら相手の発言をしっかりと受けとめる応答をすると、援助の対象者はより深いレベルの話ができるようになります。誰にも打ち明けられなかった悩みや、自分の心のうちに秘めていた思いなどを相手が語り始めたら、それは援助職を「自分を受けとめようと努力してくれる人」と判断した証です。

さらに本書の第5章で紹介している、感情を受けとめる技法を活用してみましょう。相手の心の状態に焦点を当てて聴き、その人の感情に意識を向けた応答をすると、援助の対象者は「自分は受け入れられている」と実感して被受容感を得ることができます。

意見や助言は受けとめてから

援助の対象者の言葉と感情をしっかり受けとめてからでなければ、励ましの言葉や、問題を解決するための助言は相手の心に届きません。結論を急ぐあまり、相手の言葉を受けとめる応答を省いて会話を進めてしまうと、「自分の言っていることを聞き流された」と相手は不満を感じるかもしれません。あるいは、相手の感情を受けとめる応答を省略して、「もっと前向きに考えましょう」などと励ましても、その言葉は相手の心には届かず「私の話を適当にかわされてしまった」と受け取られてしまうでしょう。このような聴き方では、相手のなかに被受容感は生まれません。

助言したり意見したりしたいときほど、援助の対象者の言葉と感情をしっかりと受けとめましょう。自分の話をちゃんと受けとめてくれた人の言葉には、自分も同じように耳を傾けたくなります。その一方で、聴くことをおろそかにされると、その人の言葉に耳を傾けようという気持ちにはなりません。

心理的安全性(psychological safety)

自分の発言に対して、他者から拒絶されたり罰せられたりしないという確信を持っている状態を**心理的安全性**といいます。ここでならリスクのある発言をしても大丈夫だと感じて、自分の考えや思いを安心して表現できる心の状態と言えるでしょう。

心理的安全性という概念を最初に提唱したのは、アメリカで組織行動学を研究するエドモンドソン(Edmondson, A. C.)です。2012年にGoogle社が「成功するチームに最も重要なのは心理的安全性である」と発表したことで、ビジネスの分野で広く注目されるようになりました。近年では、対人援助の現場においても、チームや職場に対する心理的安全性を高めるための取り組みが始まっています。

心理的安全性が必要とされるのは、所属集団内に限ったことではありません。対人援助の現場では、援助職に対して、援助の対象者がどれだけ心理的な安全性を感じることができるかも重要です。心理的安全性を高めるための方法には以下のようなものがありますが、来談者中心療法におけるカウンセラーの条件と重なるものが多いことに気づくでしょう。

心理的安全性を高めるための5つの方法

1. 積極的な姿勢を示す
… 会話に集中する、親身になって傾聴する、積極的に質問する、など

2. 理解していることを示す
… うなずき・あいづちを示す、話を要約して確認する、自身の非言語に注意する、など

3. 対人関係において相手を受け入れる姿勢を示す
… 感謝を伝える、オープンな姿勢になる、など

4. 意思決定において相手を受け入れる姿勢を示す
… 意見を求める、努力や結果を承認する、丁寧に説明する、など

5. 強情にならない範囲で自信や信念を持つ
… 自分とは異なる意見でも発言を促す、など

キーワード　共感、情動的共感、認知的共感、カタルシス効果

相手の感情に寄り添う

コミュニケーションにおける受容③

感情を受けとめながら寄り添う

感情に焦点を当てて聴くことで、援助の対象者の心の状態を理解し、その人に共感することが可能になります。**共感**とは、「相手とともに感じる」ことです。具体的には、その人の喜怒哀楽などの感情を共有して、その感情に温かく寄り添う態度を意味します。

共感するためには、援助の対象者が抱いた感情やその感情の背景について、本人から教えてもらう気持ちで傾聴することが必要です。同時に、その感情をあるがままに受けとめようとする受容的な態度も欠かせません。

援助の専門家としての共感

相手の心の揺れに付き合い寄り添える援助職になるためには、共感を正しく理解して実践することが大切です。

例えば、目の前にいる援助の対象者が悲しい気持ちでいるとき、その感情を自分の心で感じて、援助職自身も悲しくなることがあるでしょう。相手に感情移入して、その人が抱いた感情を自分自身も同じように抱く状態を**情動的共感**と呼びます。それに対して、その人が抱いた感情を「今、この人は悲しい気持ちなんだ」と理解することを**認知的共感**と呼びます。相手と同じ気持ちになってもならなくても、相手が悲しい気持ちでいることを認知している状態です。

一般的に共感というと、情動的共感をイメージする人が多いようですが、援助の現場において、援助職が誰に対しても感情移入できるとは限りません。その一方で、援助職にはつねに共感的であることが求められています。援助の専門家としての共感には、相手の感情を自分のことのように感受できる素直さや優しさとともに、相手の感情を認知して自分に何ができるのかを思考する冷静さの両方が大切と言えるでしょう。

情動的共感と認知的共感

情動的共感

- 相手の感情を感受する
- 相手と同じ気持ちになる
- 非専門家に多い感情移入

認知的共感

- 相手の感情を認知する
- 自分の感情はおいておく
- 専門家に求められる共感

カタルシス効果

共感には、心の浄化作用<**カタルシス効果**>があります。カタルシスとは、ギリシャ語で浄化を意味する言葉です。悲しみや苦しみの感情を抱いているとき、「つらいですね」と誰かに共感してもらえただけで、気持ちが楽になり、心が癒されたと感じることがあるでしょう。このように不快な感情から解き放たれたと感じる、心理的な解放感をカタルシスと呼びます。

「悲しくて、何もする気になれない」「とても腹立たしくて、冷静な判断ができない」などと心を支配していた感情から解放されると、その分、冷静さが戻り、抱えている問題に理性的・現実的に取り組めるようになるでしょう。共感は、援助の対象者の感情に前向きな変化をもたらす働きかけにもなるのです。

援助職の共感は、相手への単なる感情的な反応ではありません。相手にとって望ましい効果をもたらす共感を意識しましょう。

同情は自分が基準、共感は相手が基準

正しく共感するためには、同情との違いを理解しましょう。

相手の状況を見聞きしたときに「もし私が相手と同じ状況だったら、きっとこう感じるだろう」と想像して、その人の感情を理解しようとすることがあります。しかし、自分を基準にして相手の感情を推し測っても、その理解が正しいとは限りません。なぜなら、そのような理解の仕方では、自分の経験範囲内でとどまってしまうからです。このように自分を基準にして相手の感情を推測し、反応することを**同情**といいます。

それに対して、**共感**は相手を基準にして、その人の感情をそのまま受容し共に感じようとすることです。共感は、援助の対象者本人が実際にどのように感じているのかを理解しようとすることから始まります。言葉と感情をしっかりと受けとめながら傾聴することによって、相手の体験や心の状態をまるで自分自身のことのように感じ取ることが可能になるのです。

援助の対象者が望んでいるのは、援助職からの同情ではなく、共感です。援助の現場において、多様な価値観を持つ援助の対象者に共感するためには、一人ひとりをあるがままに受けとめて尊重することが欠かせません。

共感も、同情も、相手に関心を寄せている点では同じです。自分では共感しているつもりでも、それが同情になっていないか注意しましょう。同情は上から目線になりがちで、相手に不快な感情を与えたり、反対に援助職への依存を誘発したりすることもあります。

同情と共感

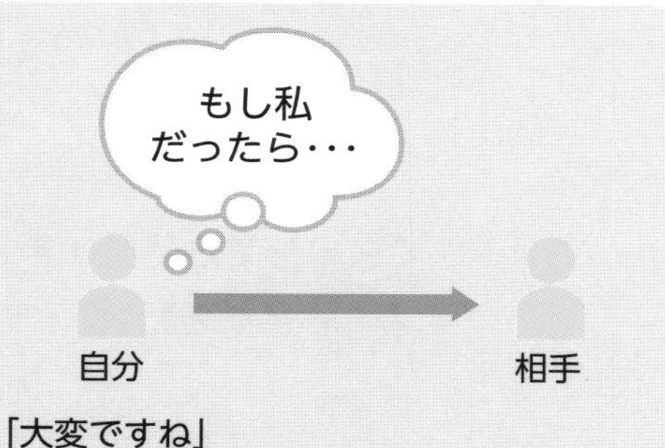

	同情（sympathy）	共感（empathy）
かかわり方	（もし私だったら・・・） 自分 → 相手 「大変ですね」 「ええ、まあ」（実は、そうでもないけど） 自分の経験や価値観から想像し、相手の感情を理解する	（相手はどう感じているかな？） 自分 ⇔ 相手 「どのようなお気持ちですか？」 「ドキドキです」 「緊張しますね」 「そうなんです」 相手の感情をそのまま受容し、共に感じようとする
理解の基準	**自分**（相手の状況を、自分がどう思うか）	**相手**（相手がその状況において、どう思っているのか）
提供される援助	「大変そうだからしてあげる」という援助職の欲求に基づいた援助になりがち	相手が本当に必要としている援助を判断して、提供することが可能になる

キーワード　セルフ・アクセプタンス、セルフ・コンパッション

自分自身を受容する「自己受容」

受けとめ上手になる方法

ありのままの自分を認める

援助の対象者をありのままに受けとめるためには、まず、自分で自分自身をありのままに受けとめてあげましょう。自己を受容することを**セルフ・アクセプタンス**と呼びます。

例えば、職場で責任のある業務を任されて、「どうしよう、私にちゃんと務まるかな」と不安を感じたら、その気持ちをそのまま受けとめましょう。自分の心の声に耳を傾けて、「私は今、不安な気持ちでいっぱいなんだね」と、そのような感情が自分自身のなかにあることを認めます。「期待されているのに、不安になるなんて情けない」などと自分にダメ出しをしたり、「もっと前向きに、ポジティブに考えなくては」などとコントロールしたりしようとせずに、自分のなかにある感情を“そのまま存在させる”ことで自分をありのままに受容することが大切です。自分の心に意識を向けて、どのような感情であっても「そうだよね」と受けとめることができるようになると、人に対しても同じことができるようになります。

自分へも思いやりの気持ちを向ける

自分をあるがままに受け入れるには、セルフ・コンパッションが必要です。**セルフ・コンパッション**とは、どのようなときでも自分の強さや弱さを認めて受け入れていくための方法のことであり、自分への優しさ、共通の人間性、マインドフルネスの3つから構成されています。セルフ・コンパッションを習慣にすると、問題が起こったときでも自分自身に余計なストレスをかけずに、穏やかな気持ちで対処することができるようになります。

対人援助職は、自分の感情をコントロールして援助の対象者の気持ちに寄り添うことが求められるため、援助の対象者のことを優先する一方で、自分自身のことはおろそかになりがちです。だからこそ、思いやりや慈しみの気持ちで、自分を受けとめてあげましょう。

セルフ・コンパッションの3つの要素

- 1　自分への優しさ(Self-Kindness)
  - ➡ 自分に厳しく批判的になるのではなく、思いやりの態度を向けて労うこと
- 2　共通の人間性(Common Humanity)
  - ➡ 失敗や苦しみを人間誰しも経験することの1つとして普遍的に捉えること
- 3　マインドフルネス(Mindfulness)
  - ➡ 今ここでの状態(主観的な感情体験)に気づくこと

つらいと感じている自分に気づいたら…

「つらいと感じる自分はダメ」
「情けない」
とダメ出しする

- 自分を責める、批判する
- 自分を不必要に攻撃する
- 過去に囚われる、未来を心配する

「つらかったね」
「つらくて当然だよ」
と受けとめる

- あるがままの自分を受け入れる
- 自分に優しく向き合う
- 今を大切にする

対人援助職に特有なストレス反応である“燃え尽き症候群”に対しても、セルフ・コンパッションの有効性が報告されています。

アクセプタンス&コミットメント・セラピー（ACT）

近年注目されている認知行動療法に、アクセプタンス＆コミットメント・セラピー（Acceptance and Commitment Therapy：ACT）があります。これまでの認知行動療法では、行動や認知（物事の捉え方）の変化を直接的に促すものでした。それに対して、ACTはアクセプタンスすることで**心理的柔軟性**（Psychological flexibility）を生み出して、心の健康を維持・回復させようとする療法です。

ACTにおけるアクセプタンスとは、不快な思考や感情をあるがままに受けとめることを意味します。自分のなかにあるネガティブな思考や感情を否定したり、無視したり、何らかの手段でコントロールしたりしても、それが一時的な対処法でしかなければ有効性は乏しく、効果的な手立てとは言えません。より効果的な対処行動をとるためには「今ここ」での状態に気づく**マインドフルネス**と、その現実を過剰反応せずに受け入れる**アクセプタンス**によって、ネガティブな思考や感情が与えるマイナスの影響を少なくすることを考える必要があります。

アクセプタンスとマインドフルネスは近年の認知行動療法における主要な概念ですが、ACTで最も重要なのはよりよい行動を自分で考え決定していく**コミットメント**です。ネガティブな思考や感情を何とかしようと過度に囚われているときには、こうありたいと思う自己の実現から離れた行動をとりがちです。ACTでは、それらに過剰反応せずに距離をとることで、自己の実現に有効な行動が選択しやすくなると考えます。

ACTは直接的な問題解決が難しい状況においてネガティブな思考や感情に過度に囚われることなく、その人にとって価値のある行動を自ら選択できるように支援することを目指しており、高齢者や認知症のある人を介護している家族への支援、エンド・オブ・ライフケアへの適用が期待されています。

第3章

【実践編】聴く準備をする

第3章からは、実践編です。
まず、相手が話しやすいと感じる雰囲気づくりから始めましょう。
傾聴の技術を活用しても、相手が話しにくさを感じたままではその効果は期待できません。
上手に聴くためには、相手の居心地がよいと感じる環境に配慮したり、
援助職自身の聴く態勢を整えたりすることが重要です。

このような状態で傾聴していませんか？

- □ 話を聴いているとき、周囲の音などが気になる
- □ 部屋が暑すぎる（あるいは寒すぎる）
- □ 腕組みしながら話を聴く癖がある
- □ イスの背にもたれかかって話を聴くことが多い
- □ 時間がもったいないので、挨拶の後はすぐ本題に入る

第3章では、✔がついた項目を改善する方法を紹介しています。
援助の対象者が安心して話をすることができると同時に、援助職も聴くことに集中できる環境を整えましょう。

キーワード　ノイズ、フィーリンググッド効果

話しやすい環境を整える

傾聴するときの環境要因

コミュニケーションを妨げるノイズ

援助職がいくら適切に技法を活用して傾聴しても、温度や湿度が高くムシムシした部屋や騒音が激しく耳障りだと感じる場所では、相手に気持ちよく話を続けてもらうことはできません。

コミュニケーションを妨げる要因のことを、**ノイズ**（雑音）と呼びます。傾聴するときには、物理的要因、身体的要因、心理的要因の3つのノイズに配慮することが必要です。物理的要因とは、騒音や悪臭、不適切な温度や湿度、光などの環境に関する要因です。身体的要因とは聴覚や視覚、言語などの障害を意味し、心理的要因とは互いの性格や価値観、先入観・偏見などによる思い込み、心理的な防衛機制（p.130）などが含まれます。

居心地の良さが肯定的な感情を生む

援助の現場では、援助の対象者の身体的要因を確認することが欠かせません。必要に応じて、その人に合ったコミュニケーション手段を活用しましょう。同時に、話を聴く環境を整えて、相手が安心して話ができる環境を確保することが大切です。

快適な温度や湿度が保たれた静かな環境であれば、相手は安心して話をすることができます。それだけでなく、フィーリンググッド効果によって、援助職に対しても肯定的な印象を抱きやすくなります。**フィーリンググッド効果**とは、自分自身の感情や他者に対する印象がその場の雰囲気の影響を受けて変わる現象のことです。心地よい環境のなかにいると気分が良くなり、他者に対しても肯定的な感情を抱きます。その一方で、不快な環境のなかでは気分も不快になり、他者に対する評価も厳しいものになりやすいのです。

このように私たちの感情は環境によって変わり、それが相手に対する印象にも影響します。だからこそ、相手が話をしやすいと感じる環境を整えることが大切です。

話しやすい環境を整える工夫

聴覚的環境	窓を閉めるなどして雑音を防ぐ、話し声が外に漏れない場を選ぶ 周囲の声が聞こえない場を選ぶ、部屋の内線の通知音を小さくする 所持している携帯電話はマナーモードにする
視覚的環境	部屋の明るさや日差しを調節する、机とイスの配置を工夫する 周囲から見えない場を選ぶ
嗅覚的環境	不快な臭いがない場を選ぶ、窓を開ける、部屋の換気をこまめに行う アロマの効果を活用する（自然に香る程度に）
その他	温度・湿度を適切に保つ、ボリュームを落としてBGMを流す

援助の対象者のプライバシーが保たれた環境を設定すると同時に、援助職自身が集中して話を聴ける環境を整えることも必要です。

キーワード　非言語、SOLER

聴こうとする熱意を伝える「傾聴姿勢」

傾聴するときの身体動作

聴く姿勢も傾聴の技術

話しやすいと感じる雰囲気をつくり出すのは、環境だけではありません。援助職の態度も、話しやすい雰囲気づくりの重要な要素です。援助職が腕組みをした姿勢で無表情のまま、相手のほうに視線を向けることなく「どのようなことでも、お話しください」などと言葉をかけても、相手は話しにくさを感じてしまうでしょう。

コミュニケーションにおいて、私たちは言葉という手段に頼りがちですが、相手に対する思いを伝えるときは顔の表情や目の動き、姿勢などの非言語が重要な役割を果たしています。**非言語**とは、言葉以外のメッセージの伝達手段のことです。ときに非言語は、言葉以上に強いメッセージを相手に伝えることもあります。

5つの傾聴姿勢SOLER

アメリカの心理学者イーガン（Egan, G.）はSOLERと呼ばれるコミュニケーション理論において、話を聴くときに大切な5つの身体動作を提唱しています。**SOLER**とは5つの身体動作の頭文字であり、Squarely（相手と真っ直ぐに向き合う）、Open（開いた姿勢で接する）、Lean（相手のほうに上体を少し傾ける）、Eye Contact（相手と適切に視線を合わせる）、Relaxed（適度にリラックスする）を意味しています。

傾聴するときはいつも、SOLERを心がけることが大切です。面接場面ではもちろんのこと、日常のちょっとした会話においても、相手の話を聴くときにはSOLERを意識してみましょう。例えば、話しかけてきた相手に対して、自分の身体を相手のほうに向ける、作業中であれば手を一旦止めて開いた姿勢になる、同じ高さの目線とアイコンタクトで相手の話を聴く、などを実践するだけで相手は話しやすい雰囲気を感じるでしょう。それは、援助職のSOLERから相手を大切に思う気持ちが伝わるからです。

SOLER

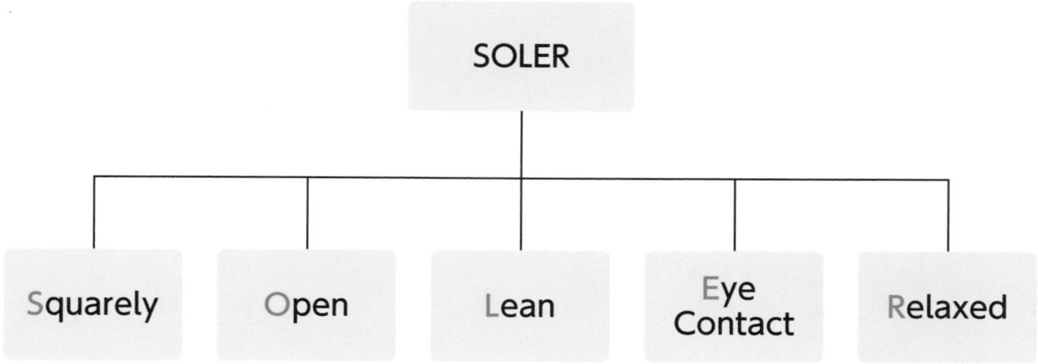

SOLER

Squarely | Open | Lean | Eye Contact | Relaxed

Squarely 相手と真っ直ぐに向き合う	相手に顔と身体を向けて傾聴します。90度法（p.107）で座るときや相手の横に座って話を聴くときには、目の向きだけでなく、上半身全体を相手のほうに向ける意識を持つとよいでしょう。 **これはNG** 目だけ動かして相手のほうを見る
Open 開いた姿勢で接する	傾聴しているときは、背筋を伸ばして姿勢を安定させて、手は自由に動かせるように膝の上や机に添えましょう。開いた姿勢とは、相手に関心を持ち、心を開いている印象を与える姿勢のことです。 **これはNG** 腕組みや脚組みなどの閉じた姿勢
Lean 相手のほうに上体を少し傾ける	開いた姿勢のまま、少しだけ相手のほうに上半身を傾けてみましょう。身を乗り出して聴こうとする前傾姿勢は、援助職の熱意を伝えます。 **これはNG** イスの背にもたれかかってふんぞり返る

Eye Contact
相手と適切に視線を合わせる

相手が話を始めたら、しっかりと視線を合わせます。その後は、相手の上半身全体を柔らかく見たり、少し伏し目になって視線を外したりして、相手を緊張させない自然なアイコンタクトを心がけましょう。

これはNG 相手と視線を合わせない／相手を凝視する

Relaxed
適度にリラックスする

「上手に傾聴しなくては」などと構えてしまうと、援助職の緊張や不安が相手に伝わります。深くゆっくりと呼吸をして、心を落ち着けましょう。援助職が自然体でかかわることで、相手もリラックスして話をすることができるでしょう。

これはNG 緊張した姿勢／リラックスしすぎでだらけた姿勢

前傾姿勢になるから興味を持つ?

「悲しいから泣くのではなく、泣くから悲しい」と考えたアメリカの心理学者ジェームズ（James, W.）は、心理状態（悲しい）が身体状態（泣く）をつくるのではなく、身体状態が心理状態を生じさせる可能性を指摘しました。その後、ドイツの心理学者ストラック（Strack, F.）らは「楽しいから笑うのではなく、笑うから楽しい」ことを科学的な実験によって明らかにしています。

日本においても、前傾姿勢と興味の関係を検証した研究があります。私たちは、「相手の話に興味を持ったときに、身を乗り出して聴く」と思いがちですが、座面が前方に10度傾いたイスを使って実験した結果、「前傾姿勢で聴くから、興味を持つ」可能性が報告されました。前傾姿勢の身体状態が、興味を持つという心理状態をつくり出しているのかもしれません。この実験では、自然に前傾の姿勢をつくるイスがさまざまなコミュニケーション場面で活用できることも示唆しています。

DL対応

ペア Work(ワーク) 傾聴していることを姿勢で表現しよう

傾聴するときの適切な姿勢を体験するペアワークです。

1. **2人一組のペアをつくり、AさんとBさんを決めてください。**
2. **AさんとBさんは対面法で向かい合って座ります。**
3. **Aさんは、Bさんに1分間で自己紹介してください。**
   BさんはSOLERの姿勢になってAさんの話を聴きます。

   Squarely……… 相手と真っ直ぐに向き合う
   Open…………… 開いた姿勢で接する
   Lean …………… 相手のほうに上体を少し傾ける
   Eye Contact 相手と適切に視線を合わせる
   Relaxed ……… 適度にリラックスする

4. **役割を交代して、3を行います。**
5. **このワークを行った感想や気づきを話し合ってみましょう。**

開いた姿勢とは、オープン・ポジションとも呼ばれており、相手に対して関心を持ち、心を開いている印象を与える姿勢のことです。それに対して、心を閉じている印象を与える姿勢のことを、閉じた姿勢、あるいはクローズド・ポジションといいます。背を丸めたり、腕や脚を組んだりする姿勢は、身体を閉じて相手を拒否している雰囲気をつくります。

キーワード　ミラーリング、ミラーニューロン

一体感や親近感を生み出す裏技

傾聴するときのミラーリング

SOLER＋ミラーリングで聴く

傾聴するときはSOLERの姿勢を基本にして、ミラーリングも活用してみましょう。**ミラーリング**とは、相手の動作や姿勢をまるで鏡に映したかのように真似る技法です。

例えば、会話の途中で相手が身を乗り出すような姿勢になったら、あなたも同じように少し身を乗り出してみましょう。相手の手の位置が机の上から膝の上に変わったら、あなたの手も同様に膝の上に移動させてみましょう。つまり、相手をよく観察しながら、さりげなく自分も同じ姿勢になるのです。すべてを完璧に真似なくても、自然なタイミングで、できる範囲で相手に合わせるのがコツです。

心の距離を縮める効果

そもそもミラーリングは、自然に見られる現象です。親しい人と会話をしていると、知らず知らずのうちに相手と同じ姿勢になっている自分に気づくことがあるでしょう。姿勢だけでなく、相手の笑顔につられて自分も笑顔になっていたり、相手が声を潜めて話をしていると自分も同じような話し方になっていたりなど、わざと真似たわけではないのに相手と同じ状態になっていることがあります。これは、私たちの脳内にあるミラーニューロンの働きによるものと考えられています。

ミラーニューロンと呼ばれる神経細胞には、相手の行為を、自分の行為に重ね合わせる機能があります。相手の行為を見て、まるで自分自身が同じ行為をしているかのように反応するのです。目の前の人のあくびが自分にうつるのは、このためと考えられています。相手との関係性が密になるほど互いに影響を与えやすいと考えられているため、意識的にミラーリングを取り入れることで親しい人との会話で感じられる一体感や親近感を生み出すことが可能になります。

DL対応

個人Work ミラーリングの技法を使ってみよう

ワーク

会話をするときに、ミラーリングの技法を意識して使っていますか？

「この技法を使ったことがない」という人は･･･

ステップ1 相手の姿勢を観察する。

まず、目の前にいる相手の姿勢を観察することから始めてみましょう。手の位置（机の上？　それとも膝の上？）や身体の傾き（身を乗り出している？　それとも背もたれに寄りかかっている？）などに注意を向けます。

ステップ2 相手の姿勢をさりげなく真似てみる。

次に、相手の姿勢をさりげなく真似てみましょう。完璧に同じ姿勢になる必要はありませんので、できる範囲で相手に合わせるのがコツです。

ステップ3 相手の動作を真似てみる。

さらに、相手の動作やしぐさと同じ動きをしてみましょう。例えば、相手が首を右にかしげれば自分も数秒ずらして首を左にかしげる、相手が窓の外に目を向けたら自分もゆっくりと同じ方向を見る、などはすぐに実践できるミラーリングです。

「この技法をよく使っている」という人は･･･

スキルアップとして、「感情を非言語で表現する」（p.118）を参考に表情のミラーリングにもチャレンジしてみましょう。

キーワード　表情、準言語

感情は顔以外にもあらわれる

傾聴するときの表情

顔の表情と身体の表情

傾聴するときに、SOLERとともに意識したいのが援助職の表情です。

表情とは心情を外部にあらわすことと定義されており、その人の内面にある感情や情緒を外見や身振りにあらわす行為のことです。表情というと、一般的には顔面への感情表出を指しますが、顔以外にも感情はあらわれます。例えば、イライラしているときは無意味な手の動きが多くなったり、緊張しているときは肩に力が入った姿勢になったりして、私たちは身体全体で感情を表現しているのです。

言葉に表情をつける準言語

表情は顔や身体にだけでなく、声にもあらわれます。話し言葉（音声言語）に伴う声の調子や語調のことを**準言語**（パラ言語）と呼びます。具体的には、声のトーンや大きさ、話すスピード、アクセント、イントネーション、間のとり方などです。

同じ言葉でも、その言葉に伴う準言語によって相手に伝わるメッセージは変わります。例えば、「お待たせしてすみませんでした」と声のトーンを少し落として控え目に伝えると、援助職の相手を気づかう気持ちを言葉に込めることができます。ところが、「お待たせしてすみませんでしたぁ～」などの軽い口調では、相手を気づかっている印象にはなりません。また、抑揚のない言い方でボソボソと伝えれば、相手は形式的な対応と思うでしょう。つまり、何を言われたのかより、どのような言い方をされたのかが重要なのです。

異文化との比較研究から、日本人にみられる傾向として、声の表情を重視しやすいことが指摘されています。日本人は感情をストレートに顔に出さないようにすることが多いため、声などの情報から本心を読み取ろうとするためと考えられています。

話しにくい雰囲気をつくるかかわり方

<顔の表情>
- 無表情や仏頂面、険しい表情
- 口角が下がり「へ」の字のような口元
- 眉間のシワ

<声の表情>
- 大きすぎる／小さすぎる声
- 早口
- 一本調子の声

話しやすい雰囲気をつくるかかわり方

<顔の表情>
- 自然な笑顔
- 口角（唇の両端）が少し上がった口元
- 優しい印象の目元

<声の表情>
- 適切な大きさの声
- 相手が一度で聞き取れる速度
- 抑揚のある声の調子

オンラインでの傾聴

目の前の画面に相手の顔が等身大で映し出されていても、オンラインの会話では心理的な距離を感じてしまう人が多いようです。モニタの画質や通信状態（音声の時差や音飛びなど）によって、得られる非言語情報に制限があることがその原因として指摘されています。

オンラインで話を聴くときは、カメラの位置や高さを調整して、なるべく相手と同じ目の高さになるようにしましょう。特にノートパソコンを使用すると、カメラが低い位置からあおるように顔を映すため、上からの目線になりがちです。オンラインでは、目の動きが不自然に映りやすく、適切なタイミングで視線を合わせることが難しいため、せめて目の高さに配慮するようにしましょう。

また、聴き手の反応は画面越しでは伝わりにくいため、顔と声の表情にメリハリをつけて、タイミング良くあいづちを打ち、大きくうなずくことが必要です。

DL対応

Check List 3 話しやすい雰囲気をつくろう　環境編

チェックリスト

相手が話しやすいと感じる環境が整っていますか？　話を聴く前に、以下の項目に沿って確認してみましょう。

- □ 外部からの音が気になりませんか?
- □ 会話が周囲に丸聞こえになっていませんか?
- □ 内線や携帯電話の通知音を小さくしましたか?
- □ 部屋の明るさは適切ですか?
- □ 不快な臭いはしませんか?
- □ 部屋の換気はしましたか?
- □ 適切な座り方ができるようにイスが配置されていますか?
- □ 机のうえは整理整頓されていますか?
- □ 温度・湿度は適切に保たれていますか?

周囲の音などが気になって援助職自身が落ち着かないと、相手も落ち着いて話をすることはできません。互いがよい状態で会話できるように環境を整えましょう。

DL対応

Check List 4 チェックリスト 話しやすい雰囲気をつくろう　援助職の聴く態勢編

相手が話しやすいと感じる非言語や準言語に配慮していますか？　援助職の聴く態勢を以下の項目に沿って確認してみましょう。

- □ 相手と同じ高さの目線になっていますか?
- □ 話の内容にあった顔の表情ですか?
- □ 無表情になっていませんか?
- □ マスクを着用しているとき、目が優しい印象になっていますか?
- □ 腕組み、あるいは、脚組みをしていませんか?
- □ 相手に聞こえる声の大きさですか?
- □ 相手が一度で聞き取れる速度で話していますか?
- □ 相手や話の内容に合った声のトーンですか?
- □ 相手との距離は適切ですか?

マスクを着用すると、口元が隠れて笑顔の表情がわかりにくくなります。相手から見えている目元が優しい印象になるように、鏡でチェックしておくとよいでしょう。

キーワード　アイスブレイク、挨拶、クローズド・クエスチョン

挨拶は、好意的にかかわろうとする意思表示

傾聴する前のアイスブレイク

挨拶は関係構築の第一歩

相手との関係構築は、**挨拶**から始まります。話しやすい雰囲気をつくるためには、相手より先に自分から挨拶しましょう。このとき、自分自身の顔と身体を相手のほうに向けて声をかけると、相手の存在を承認して、好意的にかかわろうとする援助職の気持ちが効果的に伝わります。「○○さん、おはようございます」などと相手の名前を呼ぶと、より親しみの込もったパーソナルな挨拶になり、話しやすい雰囲気をつくり出すことができます。

援助職の挨拶がおざなりでは、相手は「私に関心がないのかな」「何だか、軽く扱われている」と不安になり、その後のコミュニケーションにもマイナスな影響を与えかねません。

クローズド・クエスチョンで緊張をほぐす

挨拶の後は、ちょっとしたアイスブレイクが必要です。**アイスブレイク**とは、直訳すると「氷を壊す、溶かす」ことですが、一般的には初対面の人同士が出会う場面で緊張をときほぐすことを意味します。自己紹介をしたり、「今日は良いお天気ですね」などの天気・天候、季節などに関するちょっとした雑談や簡単な質問をしたりして緊張をほぐしましょう。

アイスブレイクでの質問は、クローズド・クエスチョンが適しています。**クローズド・クエスチョン**とは、「寒くないですか？」のように「はい」か「いいえ」で答える質問や、「お名前は？」のように回答することが決まっている質問のことです。回答する範囲が限定されているため、深く考えなくても答えられるので相手の負担になりません。会話の始まりにクローズド・クエスチョンで緊張をほぐしたら、本題に入るときにはオープン・クエスチョン（p.98）を使ってみましょう。「今日は、どうしましたか？」「その後、どうされていましたか？」などと尋ねて、相手に自由に話をしてもらうとよいでしょう。

挨拶の3つのポイント

スキルアップ

最初からオープン・クエスチョン

初対面ではなく、ある程度の関係が形成されている場合には、オープン・クエスチョンから会話を始めてもよいでしょう。「今日はどうなさいましたか？」「前回お会いした後、お身体の具合はいかがですか？」などと尋ねると、相手が言いたかったことを自由に話すことができます。
ただし、最初からオープン・クエスチョンで質問をすると、相手から想定外の発言が出てきたり、話したいことが次から次に出てきたりして収拾のつかない会話になりがちです。そのような場合には、要約の技法（p.92）で発言内容を整理したり、「最も気になっているのは○○ですか？」などとクローズド・クエスチョンを使ったりして、話の内容を絞り込みましょう。

敬意と親しさを伝える言葉遣い

傾聴するときに重要な役割を果たしているのは、援助職の表情、視線などの非言語や、語調、声の調子などの準言語だけではありません。もう1つ留意したいコミュニケーション要素が援助職の「言葉遣い」です。

言葉遣いは、相手との関係性をあらわし、その人との距離をコントロールします。接遇のための言葉遣いであれば、相手への敬意を伝える敬語の使用が求められますが、援助の現場において、そのような言葉遣いが常に望ましいとは限りません。敬語は相手を尊重しようとする気持ちをあらわす一方で、相手との距離をつくり、その距離を保つために使われることもあるからです。実際に、敬語ばかり使っていると、相手との距離がなかなか縮まらず、事務的なかかわりになりがちです。必要以上の敬語の使用は、お互いの間に壁をつくってしまうかもしれません。その一方で、親しさを表現しようとして、意図的にくだけた言い方をした結果、相手を不快な気持ちにさせてしまうこともあります。

相手を尊重する丁寧な言葉遣いを基本にして、親しさを上手に表現することを意識してみましょう。「こんにちは、○○さん」と名前を呼んで挨拶したり、「今日はお元気そうですね。よかった！」などと敬語を使わないちょっとした一言を添えたりすると、さりげなく、かつ効果的に親しみやすさが伝わります。

第4章

【実践編】言葉を受けとめる

傾聴で大切なことは、援助職が上手く聴けたかどうかではなく、
相手に「ちゃんと聴いてもらえた」という実感があるかどうかです。
「ちゃんと聴いてもらえた」と相手が感じる聴き方をするためには、
相手の言葉をしっかりと受けとめる応答を心がけましょう。
第4章では、相手の言葉を受けとめる技術を学びます。

このような聴き方をしていませんか？

- □ 聴くことに集中するため、ひたすら黙っている
- □ 「はいはいはい」などと、頻繁にあいづちを打っている
- □ 会話中のあいづちがワンパターンになっている
- □ 一通り話を聴いた後、「そうですか」「そうなのですね」などと返すことが多い
- □ 相手が黙ってしまうと、「何か言わなくては」と焦ってしまう

第4章では、✔がついた項目を改善する方法を紹介しています。
言葉を受けとめる技術を身につけて、傾聴する力をスキルアップさせましょう。

キーワード　うなずき、あいづち

話す意欲を高める「うなずき」「あいづち」

傾聴している サイン を送る

相手を不安にさせる無反応

傾聴とは、相手の話に熱心に耳を傾けることです。しかし、熱心に耳を傾けていれば、どのような聴き方をしてもよいわけではありません。その人の話を能動的に聴くためには、傾聴していることを相手に表現することも大切です。

援助職が無反応なままでは、援助の対象者は「ちゃんと聴いているのかな」「話に関心がないのかな」と不安になり、話す意欲を低下させてしまいます。相手が安心して話を続けることができるように、うなずいたり、あいづちを打ったりして「あなたの話に関心を持って聴いています」というサインを送りましょう。

話そうとする気持ちを応援

うなずきは首を縦に振る非言語的な反応であり、傾聴するときの基本です。援助職がうなずきながら聴いてくれるだけで、援助の対象者は安心して話をすることができます。なぜなら、うなずきには、「自分の話を受けとめてほしい」という話し手のニーズを満たす効果があるからです。

さらに、相手の話す意欲を高めるためには、うなずきの合間にあいづちを打ってみましょう。**あいづち**とは「うん、うん」「ええ」などの短い言語的な反応のことです。会話に適したあいづちを打つためには、あいづち言葉のバリエーションを増やしたり、声の調子やリズムで変化をつけたりするとよいでしょう。

うなずきを基本にして、その合間に「そうですね」「なるほど」などのあいづちで反応を示しながら聴くと、相手の発言を効果的に促すことができます。

話す意欲を高める効果的なあいづち

- **肯定的なあいづち：相手の話に同意や賛意を示す**

「そうですね」「そう、そう」「確かに」「そう思います」「おっしゃる通りです」

- **中立的なあいづち：相手の話を受けとめたことを示す**

「うん、うん」「はい」「ええ」「なるほど」「そうですか」

援助の現場で注意したいあいづち

- **「あっそう」「ふーん」**

➡ あいづちが素っ気ないと、話に関心がないと思われてしまいます。

- **「はいはいはい」「うんうんうん」**

➡ あいづちが多すぎると、話を聞き流しているような印象になり逆効果です。

- **「はあ～」「う～ん」**

➡ 間延びしたあいづちでは、気の抜けたような印象を与えてしまいます。

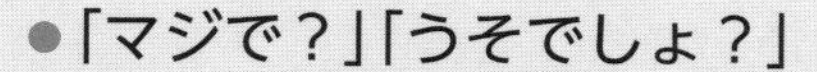

- **「マジで？」「うそでしょ？」**

➡ プライベートな場面では、このようにあいづちを打つこともあるでしょう。ただし、援助の対象者との会話では適切なあいづちとは言えません。

記録やメモをとりながら話を聴く場面では、援助職が書くことばかりに集中していると、傾聴のサインを送ることを忘れがちです。必要があって「ながら聴き」するときも、うなずきやあいづちで反応を示すことを意識しましょう。

DL対応

個人Work（ワーク） 傾聴のサインを送ろう

話を聴いているとき、上手にうなずいたり、あいづちを打ったりしていますか？

「自信がない」「あまり意識していなかった」という人は･･･

ステップ1 **黙ってうなずく。**

まず、うなずきながら聴くことを意識しましょう。うなずきは非言語的な反応なので、相手の話を邪魔することがありません。「大丈夫、ちゃんと聴いていますよ」という気持ちを込めて、しっかりうなずいてみましょう。

ステップ2 **うなずきの合間にあいづちを打つ。**

次に、うなずきを基本にして、その合間に「うん、うん」「はい」「ええ」「なるほど」などの言葉を挟んでみましょう。

ステップ3 **あいづちのパターンを増やす。**

さらに、相手の話に同意や賛意を示すときには「そうですね」「確かに」「そう思います」「おっしゃる通りです」などのあいづちも使ってみましょう。

「自信がある」「いつも意識している」という人は･･･

普段、何気なく行っているうなずきやあいづちを、傾聴のスキルとして意識的に活用してみましょう。うなずきは、自分のペースではなく、相手のペースに合わせるのがポイントです。その人の話すテンポを意識してうなずくと、相手と波長を合わせることができます。言語的な反応であるあいづちは、相手の話に合いの手を入れるようなイメージで、「なるほど」「そうですね」などの言葉を挟むとよいでしょう。

DL対応

ペアWork(ワーク) 傾聴のサインを送ろう

適切なうなずきとあいづちを体験するペアワークです。

1. **2人一組のペアをつくり、AさんとBさんを決めてください。**
2. **Aさんは、以下のなかから1つテーマを選び、3分間話をしてください。**

・昨日、朝起きてから寝るまでの出来事　・週末（前回の休日）の過ごし方　など

Bさんは、1分ごとに聴き方を変えてAさんの話を聴きます。

無反応で聴く ……………………… 一切の反応を示さずに話を聴きます（1分間）。

※本を読む、スマートフォンを見るなどの作業をしながら聴いてもよいでしょう。

うなずきだけで聴く …………… 声を出さずに、うなずきだけで話を聴きます（1分間）。

うなずきとあいづちで聴く … うなずきを基本にして、その合間に「うん、うん」「なるほど」などのあいづちを入れながら話を聴きます（1分間）。

3. **役割を交代して、2を行います。**
4. **このワークを行った感想や気づきを話し合ってみましょう。**

ペアワークを行うときには、演習時間をはかるためのタイマーを準備しておきましょう。操作が簡単なキッチンタイマーがあると便利ですが、スマートフォンなどのタイマー機能を活用してもよいでしょう。

キーワード　繰り返しの技法、オウム返しの技法、バックトラッキング

発言を受けとめて共有する「繰り返し」

相手の言葉を繰り返す

あいづちの代わりに言葉を繰り返す

繰り返しとは、相手の発言をそのままの言葉で返す技法です。まるでオウムが復唱するように、相手の言葉をそのまま伝え返すことから**オウム返しの技法**や**バックトラッキング**などとも呼ばれています。

例えば、援助の対象者から「最近何をするにも、やる気になれなくて」と言われたとき、「そうですか」などとあいづちを打つ代わりに、「やる気になれないのですね」と相手の言葉の一部を繰り返します。その人が表現したままの言葉を返すと、相手の発言をちゃんと受けとめたことが効果的に伝わり、うなずきとあいづちだけで聴くより積極的に傾聴している印象を与えます。

言葉を受けとめたことを表現する

「やる気になれなくて」と発言する援助の対象者には、「そんなこと言わないで、できることから行動してみましょう！」とすぐに声をかけたくなる援助職もいるでしょう。心からの励ましの言葉をかけたつもりでも、相手は「自分の話を軽く受け流された」と感じるかもしれません。なぜなら、励ます前に、相手の発言を受けとめる一言がないからです。

相手の発言を受けとめる一言とは、その人の言葉をそのまま繰り返す応答のことです。繰り返しの技法を使って、まずは「やる気になれないのですね」と相手の発言を一度受けとめましょう。この一言によって、相手から出てきた言葉にちゃんと向き合い、受けとめようとする援助職の姿勢が伝わります。その人の発言に向き合うことは、その人そのものと向き合うことなのです。

繰り返しの技法を使った会話例

援助の対象者

がんばったのに、今日の結果があまり良くなくて

繰り返しの技法 ➡ あまり良くなかったのですね

援助職

援助の対象者

良くないというか……。期待していた結果ではなかったという感じかな。
まあ、前回より悪くなっていたわけではないんですけどね

繰り返しの技法を使うと、相手は「自分の言葉を大切に受けとめてくれた」と感じます。同時に、自分の発した言葉をもう一度他者の声で聴くことにより、自身の受け取り方や感じ方などを客観的に認識する機会にもなるのです。

繰り返しの技法を使わずに励ました会話例

援助の対象者

がんばったのに、今日の結果があまり良くなくて

そう、まあ弱音を吐かずに、またがんばりましょう！

援助職

援助の対象者

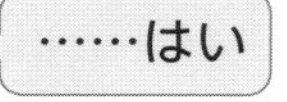

言葉を受けとめる一言を省くと、相手は「自分の言葉を受け流された」と感じるかもしれません。まずは、繰り返しの技法で相手の言葉を受けとめましょう。励ましたり、助言をしたりするのは、それからでも遅くないでしょう。

DL対応

個人Work(ワーク) 繰り返しの技法を使ってみよう

うなずいたり、あいづちを打ったりしながら、繰り返しの技法も使ってみましょう。

「この技法を使ったことがない」という人は・・・

ステップ1 あいづちの代わりに、ときどき繰り返す。

「うん、うん」「なるほど」などのあいづちの代わりに、相手の言葉の一部を繰り返してみましょう。うなずきを基本にして、その合間にあいづちを打ち、ときどき相手の言葉を繰り返すとよいでしょう。

ステップ2 話の区切りに繰り返す。

ステップ1が実践できたら、「～だから、○○なんです」「～というわけで、△△になりました」などの話の区切りで繰り返しの技法を使ってみましょう。「だから○○なのですね」「それで△△になったのですね」などと、その人が最も言いたかったことを繰り返すことができます。

「この技法をよく使っている」という人は・・・

話のなかに気になる言葉が出てきたら、質問する代わりにその言葉を繰り返してみましょう。例えば、相手が「最近、ちょっと問題があって……」と言ったときに「問題？」とキーワードを繰り返します。それだけで、「ああ、問題というのは……」などと相手がそのキーワードについて話を続ける流れをつくることができます。キーワードを上手く捉えることができると、相手が本当に話したい内容について話を展開してもらうことが可能になるでしょう。

DL対応

ペアWork（ワーク） 繰り返しの技法を使ってみよう

繰り返しの技法を使った聴き方の悪い例と良い例を体験するペアワークです。

1. **2人一組のペアをつくり、AさんとBさんを決めてください。**
2. **Aさんは、以下のなかから1つテーマを選び、2分間話をしてください。**

・得意なメニューの詳しい料理方法
・職場（学校）までの通勤（通学）経路　など

Bさんは、1分ごとに聴き方を変えて話を聴きます。

ひと言ひと言繰り返す ……… Aさんの言葉をひと言ひと言「○○なのですね」と繰り返しながら話を聴きます。

時折繰り返す ……… うなずきやあいづちを打ちながら話を聴きます。時折、Aさんの言葉の一部を「○○なのですね」と繰り返してください。

3. **役割を交代して、2を行います。**
4. **このワークを行った感想や気づきを話し合ってみましょう。**

ひと言ひと言繰り返すと、相手はかえって話しづらくなります。繰り返しの技法を多用すると、相手の話の腰を折ってしまうので注意しましょう。

キーワード　言い換えの技法

発言を正しく理解する「言い換え」

相手の発言を言い換える

自然な表現に言い換える

言い換えとは、相手の発言を聴き手が別の言葉で返す技法です。相手の発言から感じ取ったことや理解したことを、聴き手の言葉で返すこともあります。

繰り返しの技法では相手の言葉をそのまま返しますが、言い換えの技法ではより適切な表現に言い換えて返します。例えば、「じっと座っていられずに、そわそわしているんです」という発言に対して、「そわそわしているのですね」と返答するのが繰り返しの技法でしたが、「落ち着かないのですね」などの表現に置き換えて返すのが言い換えの技法です。

具体的な表現に言い換える

言い換えの技法では、別の言葉に置き換えるだけでなく、具体的な表現に言い換えて返すこともあります。相手が漠然と感じていることや曖昧でまだ言葉にすることが困難な気持ちなどを捉えて、聴き手が「○○という感じでしょうか？」などと具体化した表現に言い換えます。

例えば、「最近は、膝の調子がダメでね」などと相手が発言したときに、「それは、膝に痛みがある、という感じでしょうか？」などと質問形式で言い換えを伝えます。相手から「ええ」「その通りです」などの反応が返ってくれば、援助職の理解が適切であることが確認できます。相手も、自分の発言が正確に理解されたことがわかり、安心することができるでしょう。

援助職の言い換えに対して、相手から「う〜ん、ちょっと違うかな」や「いえ、そういう感じではなくて……」などの反応があるかもしれません。そのような場合には「詳しくお話しいただけますか？」と発言を促して、相手に情報を追加してもらいましょう。相手が本当に伝えたかったことを、より正確に理解する機会にすることができます。

言い換えの技法

- **言い換え１は、自然な表現に置き換えた応答です。**
- **言い換え２と３は、言葉の真意に焦点を当てて、具体的な表現に置き換えた応答です。**

スキルアップ

繰り返しと言い換えを使い分ける

相手の表現を大事にしたいときには、繰り返しの技法が有効です。特に、援助の対象者との関係性が十分に形成できていないときや、相手が不安定な状況にあるときは、援助職が相手の言葉をそのまま返すことで、「私の話をちゃんと受けとめてもらえた」と安心してもらうことができます。言い換えの技法は、相手の表現をより具体的にしたいときのほか、相手の言葉に強いマイナス要素を感じたときに使うと効果的です。例えば、「そのとき、本当にキレてしまって」などの発言に対しては、そのままの言葉を繰り返すより、「強い憤りを感じたのですね」あるいは「それは我慢の限界だった、という感じでしょうか？」などのマイルドな表現を使うとよいでしょう。発言を的確に言い換えることが難しいときには、相手に修正してもらう余地を残して、「それは、◯◯という感じでしょうか？」「◯◯と考えてよいでしょうか？」などと質問形式で伝えてみましょう。

キーワード　要約の技法

言いたかったことを確認する「要約」

話の内容を整理して返す

「そうですか」では確認できない

要約とは、話の要点を、聴き手が整理して伝える技法です。うなずきやあいづちを示しながら一通り話を聴いた後に、話の要旨を整理して返します。繰り返しは相手の発言をそのまま返す技法でしたが、要約は聴き手が話のポイントを整理して返す技法です。

話を聴いた後、「そうですか」や「そうだったのですね」などの応答だけでは、相手は何に対して理解を示してくれたのかがわからず、不安が残ってしまうことがあります。「○○について悩んでいるのですね」のように相手の話を要約して、援助職の理解が正しいかどうかを確認してもらいましょう。このときに「要するに○○っていうことですね」などと伝えると、早く話を終わらせようとしている印象を相手に与えてしまうので要注意です。

混乱して話が進まないときに要約

言いたいことが上手く表現できず言葉を探しながら話をする人や、何を言いたいのかが自分でもわからず混乱している人に対しては、要約の技法を活用しながら傾聴するとよいでしょう。援助職が聴いた内容を整理して伝えることで、相手は言いたかったことを確認しながら、話を展開することができます。

次の話題に移る前にも要約

1つの話題が終わったら、要約の技法で会話の内容を整理して確認するとよいでしょう。例えば、「ここまでのお話を整理してもよろしいですか。ご家族で話し合われた結果、○○○ということになったのですね」などと援助職の理解を言語化して確認すると、相手は安心して次の話題に進むことができます。自分の話がちゃんと理解されたと感じられないと、援助職にわかってもらえるまで同じような話を繰り返してしまいがちです。

上手に要約するためのコツ

● 最も伝えたいことは何かを整理しながら聴く

➡ 話を聴いてから要約するのではなく、話を整理しながら聴くことを意識しましょう。

● 話によく登場する頻出ワードに注目する

➡ その人が最も言いたかったポイントは、相手が繰り返した言葉や強調した言葉にヒントがあります。

● できるだけ短く、簡潔にまとめる。

➡ 話の内容を体系的に把握し、本質的な要点を捉えて簡潔にまとめます。発言内容をすべて要約のなかに含める必要はありません。

要約を伝えるタイミングが上手くつかめないときは、「ここまでの話を確認してもよろしいですか？」「私の理解が間違っていたら教えていただけますか？」などと尋ねて、相手の了解を得ると効果的です。

要約の技法を使った会話例

援助の対象者

どこか、義父が入れる施設はないでしょうか。自宅で介護を続けてきましたけど、実際に介護しているのは私だけで、家族は何も手伝ってくれません。私も持病があるので、いつまで介護を続けられるのかわからないし。
最近は義父の体調も良くなくて、これからもっと悪くなったらって考えると心配です。夫も義父のことは私に任せっきりで、このままでは不安で……

要約の技法 ➡ 在宅で介護を続けることに不安を感じているのですね

援助職

援助の対象者

そう、そうなんです

DL対応

個人Work(ワーク) 要約の技法を使ってみよう

話を一通り聴いた後に、要約の技法を使っていますか？

「この技法を使ったことがない」という人は・・・

ステップ1　“それ”を言葉に置き換える。

まず「それは大変ですね」の“それ”を言語化することから始めてみましょう。「それは大変ですね」「それはお困りですね」などと言うときに、“それ”を言葉に置き換えて「○○になって大変ですね」「△△でお困りなのですね」と伝えます。

ステップ2　何が、どうだったのかを確認する。

ステップ1が実践できたら、「そうでしたか」「そうだったのですね」と言うときに、“そう”を言葉に置き換えてみましょう。「○○で△△になったのですね」「○○なことがあって△△なのですね」などと伝えます。

「この技法をよく使っている」という人は・・・

要約の技法を使ったら、相手がその要約に納得しているか反応を観察してみましょう。言いたかったことが的確に整理されていれば、相手から「その通りです」「言いたかったことは、そういうことです」などの言葉が返ってきます。

浮かない表情だったり、重い口調で「まあ、そうですね」「そんな感じかな」などと曖昧な反応が返ってきたりしたときは、その要約に納得していないサインです。「私の理解が間違っていたら、教えていただけますか？」などと、丁寧に確認する必要があるでしょう。要約の技法で話の要旨を確認したら、さらにその要約に対する話し手の反応を確認することで、相手が本当に言いたかったことをダブルチェックすることができます。

DL対応

ペアWork(ワーク) 要約の技法を使ってみよう

要約の技法を体験するペアワークです。

1. **2人一組のペアをつくり、AさんとBさんを決めてください。**
2. **Aさんは、以下のなかから1つテーマを選び、Bさんに2分間話をしてください。**

   ・最近嬉しかったこと　・最近驚いたこと　・最近感動したこと
   ・今、困っていること　・今、興味や関心を持っていること　など

   Bさんは、うなずきを基本にして、その合間にあいづちを入れながら話を聴きます。
3. **Aさんの話を一通り聴いたら、Bさんは要約の技法で、話の要点を伝えます。**

   例「○○なことがあって、嬉しかったのですね」
   「△△なことで、困っているのですね」
4. **役割を交代して、2〜3を行います。**
5. **このワークを行った感想や気づきを話し合ってみましょう。**

要約の技法の目的は、相手が伝えたかったことと自分が理解したこととにズレがないかを確認することです。
聴き手と話し手の双方が話の要点を確認することにより、「伝えたつもり」「理解したつもり」から生じる、コミュニケーションの行き違いに気づく機会になります。

キーワード　事柄の明確化

曖昧な事柄を明確にする「明確化」

相手の代わりに言語化する

話し手の表現を助ける

明確化とは、相手が言いたいと思っていることを、聴き手が代わりに言語化する技法です。この技法は、その人が言いたいと思っている内容によって2つに分けることができます。1つは、言葉の意味や曖昧な事柄を具体的にしたり、まとまりのつかない発言を聴き手が明確にしたりする**事柄の明確化**です。もう1つは、言葉では上手く表現できない思いや考えなどを、相手に代わって聴き手が言語化する**感情の明確化**です（感情の明確化については、p.126で紹介しています）。

事柄の明確化は、会話を円滑に進めるために欠かせない技法です。会話のなかで「えっと、何って言ってたかな……」などと言いたい言葉が出てこないときは、援助職が「○○ですか？」と代わりに言語化することで相手の表現を助けます。また、まとまりのつかない発言や回りくどい説明に対しても、聴き手がその内容を簡潔に伝え返して内容を明確にします。特に、言語でのコミュニケーションに障害のある人との会話では、聴き手が発言内容を言語化して明確にしながら聴くことが大切です。

話し手に尋ねて具体化する

発言のなかに曖昧な言葉や援助職が理解できない言葉がある場合には、「○○って何ですか？」「○○について具体的に教えていただけますか？」などと相手に質問をすることで、意味を明確にしておくことが必要です。

ただし、質問をするときは、相手の話の腰を折らないようにタイミングを図りましょう。相手の言葉を遮って質問するのではなく、一通り話を聴いてから区切りのよいところで相手に尋ねるとよいでしょう。

明確化の技法を使った会話例

援助の対象者：記入した用紙は、いつも家に来てくれる人に渡しました

尋ねて具体化する明確化 ➡ 援助職：『いつも来てくれる人』ってどなたのことですか？

援助の対象者：えっと、介護の相談に乗ってくれる、えっとケア･･･

表現を助ける明確化 ➡ 援助職：ケアマネジャーのことですか？

援助の対象者：そうそう、ケアマネジャーさんに渡しました

やさしい日本語

援助の現場では、多くの専門用語が使われています。援助職にとっては当たり前の用語でも、援助の対象者には馴染みのない言葉であり、何回聴いても正確に覚えられないこともあるでしょう。専門用語が覚えられず困っている人には、言葉を明確化するだけでなく、必要に応じて用語の意味や説明をするのもよいでしょう。

近年では、母国語が日本語ではない人に対して、災害や行政に関する情報などをやさしい日本語でわかりやすく伝えようという取り組みが始まっています。**やさしい日本語**とは、例えば「避難してください」ではなく「逃げて」と伝えるように、わかりやすさを優先した日本語のことです。難しい言葉を相手に合わせて言い換えるための知識やコツは、高齢者や子ども、障害のある方などとの会話においても役立つでしょう。

キーワード　オープン・クエスチョン、言語的追跡

もっと語ってもらうための「オープン・クエスチョン」

相手の言葉を引き出す

聴き上手はオープン・クエスチョン上手

「聴き上手は質問上手」と言われるように、その人が話したいと思っていることを上手に引き出して聴くためには、質問する技術が欠かせません。会話の始まりにクローズド・クエスチョンでアイスブレイクをすると、相手の緊張をほぐして話しやすい雰囲気をつくることができます。ただし、答えに広がりの余地がない質問が続くと相手はだんだん窮屈さを感じてしまうため、本題に入ったら積極的にオープン・クエスチョンを活用するとよいでしょう。

オープン・クエスチョンとは、「どうしましたか？」「どのように思いますか？」などと尋ねて、相手に自由に答えてもらう質問のことです。オープン・クエスチョンは回答の範囲を限定しないため、会話を広げたり、深めたりできるという利点があります。

言語的追跡とアウェアネス効果

相手の語りを促進させたいときに有効なのが、言語的追跡です。**言語的追跡**とは話題を変えずに、相手の話についていく質問のことをいいます。例えば、援助の対象者が「家族は私の気持ちをわかってないんです」と発言したとき、「ご家族が理解していないと感じているのですね」と相手の言葉を受けとめてから、「どのようなとき、そう感じるのですか？」などとその発言に沿って質問をします。

このとき、オープン・クエスチョンを意図的に活用することが、相手の語りを促してアウェアネス効果（p.24）を引き出すポイントです。「どう思いますか？」「どのような気持ちになりますか？」などの質問は、相手に思っていることを整理して、言語化する機会を提供します。尋ねられたことについて考え、それを自分の言葉で表現することでオートクライン（p.24）が起こり、その人自身の考えや気持ちが整理されるのです。

オープン・クエスチョン を使った会話例

援助の対象者：家族は私の気持ちをわかってないんです

言い換えの技法 ➡ 援助職：ご家族が理解していないと感じているのですね

援助の対象者：そうです。理解しようともしていない感じです

オープン・クエスチョン ➡ 援助職：どのようなときに、そう感じるのですか？

援助の対象者：食事中に私が話し始めると、いつも家族は黙ってしまって。私の話に関心がないのか、誰も何も言わないんです

クローズド・クエスチョン を使った会話例

援助の対象者：家族は私の気持ちをわかっていないんです

クローズド・クエスチョン ➡ 援助職：ご家族は理解していないということですか？

援助の対象者：はい

クローズド・クエスチョン ➡ 援助職：家族以外に、わかってくれる人はいますか？

援助の対象者：ええ、まあ

援助職：そうですか

DL対応

Worksheet ワークシート オープン・クエスチョンを使ってみよう

以下のケースにおいて、言語的追跡をするためのオープン・クエスチョンを考えてみましょう。

ケース1

援助の対象者　「先日紹介してくださった家族会に、参加してきました」

援助職　「　　　　　　　　　　　　　　　　　　　　」

ケース2

援助の対象者　「ここ数日、体調が優れなくて……」

援助職　「　　　　　　　　　　　　　　　　　　　　」

ケース3

援助の対象者　「詳しく説明していただいたのに申し訳ないのですが、まだ決心できなくて……」

援助職　「　　　　　　　　　　　　　　　　　　　　」

解答例

ケース1

質問例 「参加してみて、いかがでしたか？」

解　説 「参加した感想を詳しく教えてください」などの発言を促す言葉かけもよいでしょう。「参加して、よかったですか？」などのクローズド・クエスチョンで得られる情報は「はい」「いいえ」に限られてしまうため、そのときの状況や感想などを語ってもらうときには適していません。

ケース2

質問例 「お身体の具合は、どのような感じですか？」

解　説 「お身体は大丈夫ですか？」と尋ねるのは、クローズド・クエスチョンです。断片的な情報しか得られず、本人が大丈夫だと思っているのか、それとも本人は大丈夫ではないと思っているのかを知ることしかできません。

ケース3

質問例 「どのようなことが気になりますか？」

解　説 「心配なことがあれば、教えてください」と相手の発言を促すのもよいでしょう。「何か問題でもありますか？」と尋ねると、相手は「問題というほどのことではないかな」と考えて、「いえ、特に」などと曖昧な返答をするかもしれません。

また、「どうして決心できないのですか？」などと質問をすると、相手は「決心できないことを責められた」と感じてしまうことがあります。質問の意図が誤解されないように、「どのようなことが気になりますか？」「決心できないのは、どのような理由からでしょうか？」などと尋ねるほうがよいでしょう。

キーワード　**ペーシング**

相手のペースに合わせる「ペーシング」

相手の歩調で話を聴く

ラポールを形成するペーシング

ペーシングとは、相手のペースに合わせることです。歩調を合わせて一緒に歩いてくれる人がいると安心して前に進めるように、コミュニケーションにおいてもペーシングで会話の歩調を合わせることが大切です。具体的には、その人の呼吸のリズムに自分の呼吸を合わせたり、その人の話す速度に自分の応答のテンポを近づけたりして、相手のペースに合わせていきます。

自分より歩く速度の速い人や極端に遅い人と一緒に歩こうとすると、ストレスを感じることもあるでしょう。それは、会話においても同様です。ペーシングを意識して傾聴すると、相手はストレスを感じることなく話をすることができます。その結果、話し手は「この人には話をしやすい」「心地よく話をすることができる」などと感じて、聴き手に好意と信頼を感じるのです。援助の対象者とラポールを形成するうえでも、ペーシングは欠かせない技法と言えるでしょう。

相手と歩調を合わせることが基本

傾聴にペーシングを取り入れるときは、話をしている相手の準言語に注目します。

声のトーンは高いか低いか、声のボリュームは大きいか小さいか、話すときのテンポは速いか遅いか、などを把握して、相手の歩調に合わせていくとよいでしょう。例えば、低い声のトーンでゆっくり話をする相手には、援助職も落ち着いた声のトーンで穏やかに応答します。援助職が早口だったり高いトーンで応答したりすると、相手は「ペースが合わず話しにくい」と感じるでしょう。トーンやテンポが合わないと、それだけで相手をイライラさせてしまうこともあるので注意しましょう。

DL対応

個人Work(ワーク) ペーシングしてみよう

話を聴いているとき、ペーシングすることを意識していますか？

「意識したことがない」という人は・・・

ステップ1 呼吸のリズムを合わせる。

まず、呼吸を合わせることから始めてみましょう。相手の肩や胸、腹部などの身体の動きを観察しながら、同じリズムになるように自分の呼吸を合わせていきます。

ステップ2 相手のテンポに合わせて応答する。

次に、相手の話す速度に合わせてみましょう。ゆっくり話す人には自分も穏やかに、早口で話をする人には自分もテンポよく応答しながら話を聴きます。

ステップ3 相手の声のトーンに合わせる。

さらに、相手の声のトーンにも注目してみましょう。トーンとは、声の高低のことです。地声にも高低がありますが、声のトーンにはそのときの相手の心理状態が反映されやすいため、ペーシングすることで相手への共感を伝えることもできます。

「いつも意識している」という人は・・・

さらに、相手から感じられる気分や調子に合わせた応答をすると、気持ちのトーンが合ってきます。相手が嬉しそうに話をしているときは、テンポよくうなずき、大袈裟なぐらい明るくあいづちを打つと話が弾みます。悲しそうに話をしているときは、ゆっくりとうなずき、静かにあいづちを打つと、相手の気持ちを大切にした反応になります。

キーワード 沈黙の技法

会話の間を大切にする「沈黙」

黙っている時間も受けとめる

黙っている時間にも意味がある

聴き上手になるためには、会話の間も大切です。相手が黙っているときは無理に話すことを催促するのではなく、話をしない状況のその人をそのまま受けとめましょう。**沈黙の技法**とは、黙っているときでも相手のことを受けとめて、その人の言葉を上手に待つ方法のことです。

援助の対象者のなかには、悩んだり、迷ったりしながら話をしている人もいます。会話が途切れたようでも、それはその人にとって自分の考えを整理したり、適切な言葉を選んだりするために必要な時間なのかもしれません。あるいは、援助職からの応答や問いかけによって、自分自身の気持ちに向き合っていることもあります。沈黙の技法は相手が黙っている時間を、その人にとって意味のある時間にするための技法といえるでしょう。

話したいときに話せる雰囲気づくり

相手が無言のままでいる状況に、援助職が居心地の悪さを感じてしまうと、自身の不安や焦りから会話の間をどうにかして埋めようとしがちです。次々に話しかけたり、相手に話すことを催促したりすれば、逆に相手を困惑させてしまうことにもなりかねません。

会話が途切れたときは、相手がいつでも話を切り出せるような温かい落ち着いた雰囲気をつくりましょう。「焦らなくて大丈夫ですよ」「話す準備ができるまで待っていますね」というメッセージは、援助職の非言語から相手にちゃんと伝わります。穏やかな表情や自然なアイコンタクト、静かで落ち着いた動作などに配慮しながら、相手の言葉を待ちましょう。相手が話したいときに話せる雰囲気は、援助職が会話の間を大切にすることから生まれます。

黙っているときの可能性

- 自分の考えを整理している
- 何かを思い出している
- 適切な言葉や表現を選んでいる
- 話すことが思い浮かばない
- 怒りや抵抗などを感じている　　など

その人が黙っている理由が特定できないときは、基本的に相手のペースに付き合い、待つことが大切です。

沈黙の技法を使うときの非言語

＜ダメな例＞

- けげんそうな表情
- 相手を凝視
- 落ち着きのない動作
- 腕組みなどの威圧的な姿勢

＜よい例＞

- 穏やかな表情
- 自然なアイコンタクト
- 静かで落ち着いた動作
- 威圧感を与えない座り方

援助職がけげんそうな表情をしていたり、相手を凝視していたりすると、相手は黙っていることにプレッシャーを感じてしまいます。単なる癖であっても腕組みをして待つと、相手には威圧的な姿勢に見えるので注意しましょう。

DL対応

個人Work（ワーク） 沈黙の技法を使ってみよう

会話の途中で相手がふと黙ってしまったとき、沈黙の技法を使っていますか？

「この技法を使ったことがない」という人は・・・

ステップ1 慌てずに一呼吸、間を大切にする。

まず、静かに一呼吸してみましょう。自分自身の心が落ち着いて、相手の言葉を待つ準備ができます。ただし、一呼吸がため息にならないように注意しましょう。

ステップ2 無言の意味を考える。

次に、目の前にいる相手が何を思い、考えているのかということに意識を向けます。その人にとっての無言の意味を、全体の話の流れのなかで考えてみましょう。

ステップ3 穏やかな表情で待つ。

そして、穏やかな表情で相手の言葉を待ちます。「上手く表現できないこともありますよね」「ゆっくりで大丈夫ですよ」などと、柔らかい口調で声がけするのもよいでしょう。

「この技法をよく使っている」という人は・・・

「話すことが思い浮かばない」「言いたいことは特にない」などの理由で黙っている場合には、沈黙の技法を活用しても良い効果は期待できません。

無言の時間が続いたときは、「私からお伺いしてもよいですか？」と穏やかに声をかけてみましょう。「今、どのようなことを考えていましたか？」などと今の状況を質問してみると、会話の糸口がみつかるかもしれません。

DL対応

ペア Work(ワーク) 沈黙の技法を使ってみよう

沈黙の技法に適した座り方を体験するペアワークです。

1. **2人一組のペアをつくり、AさんとBさんを決めてください。**
2. **AさんとBさんは対面法で向かい合って座ります。**
3. **Aさんは、以下のなかから1つ質問を選び、Bさんに問いかけてください。**

   「最近、食欲はどのような感じですか？」「最近、睡眠はどのような感じですか？」
   「最近、やらなくてはと思っていることは何ですか？」　など

   Bさんは、1分間沈黙してから、返答します。
4. **AさんとBさんは90度法で座り、質問を変えて3を繰り返します。**
5. **役割を交代して、2〜4を行います。**
6. **このワークを行った感想や気づきを話し合ってみましょう。**

90度法は、自然なアイコンタクトに適した座り方です。落ち着いて相手の言葉を待つことができるため、沈黙の技法を活用するときにも適しています。

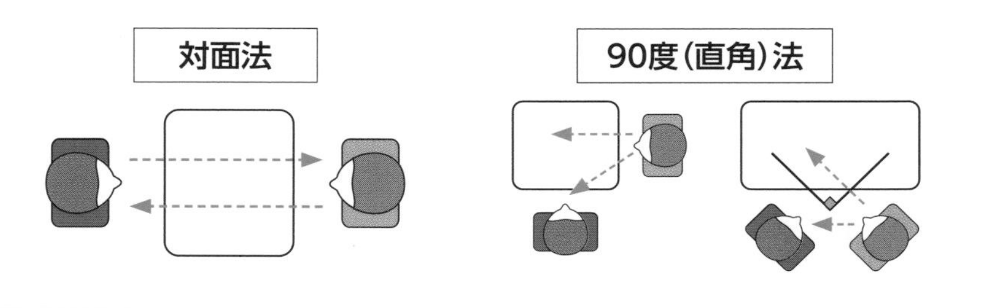

傾聴は最強のストローク

心理学では、相手の存在や価値を認める働きかけのことを**ストローク**と呼びます。相手に明るく挨拶したり、優しく微笑みかけたり、気づかいの言葉を伝えたりするのはすべてプラスのストロークです。プラスのストロークを受け取った人は、自分自身を肯定することができ、生きる自信につながっていきます。一方、受け取った人が嫌な気持ちになるストロークもあります。おざなりな挨拶や不機嫌な表情、否定や叱責の言葉などはマイナスのストロークです。ストロークは人間にとって不可欠なものであり、たとえマイナスのストロークでも、まったくないよりはましと考えられています。それほど、私たちにはストロークが必要なのです。

プラスのストロークのなかでも、最強と言われているのが傾聴です。話を聴くという行為は、その人のために自分の時間を提供することであり、そのこと自体が相手へのプラスのストロークになるからです。さらに傾聴は、話し手の存在を承認して、「理解されたい」「受けとめてほしい」という欲求を満たす行為でもあります。

話を聴くという行為には、援助関係を良好にする大きな力があるのです。

第5章

【実践編】感情を受けとめる

傾聴するときは、話し手の気持ちにも焦点を当てて聴くことが大切です。
その人の思いにも関心を向けて、援助職が共感的に応答したときに、
相手は心から「わかってもらえた」と感じることができるのです。
第5章では、共感するために欠かせない感情を受けとめる技術を学びます。

このような聴き方をしていませんか？

- □ 話し手の感情より、話の内容のほうが気になる
- □ 事実関係を尋ねる質問ばかりしている
- □ 相手の状況や問題を把握することに集中する
- □ 相手の発言は額面どおりに受けとめる
- □ 「わかります」と応答して共感を伝えている

第5章では、✔がついた項目を改善する方法を紹介しています。
相手の気持ちに焦点を当てた聴き方を身につけると、深いレベルでの傾聴が可能になります。

キーワード　気分、情動、メンタライゼーション

深く聴くためには、感情を受けとめる

感情はコミュニケーション

心理学における感情とは

私たちは想定外の出来事に対して驚いたり、誰かから言われたことに対して嬉しくなったり、あるいは悲しくなったりして、さまざまな感情を抱きながら生活しています。

感情とは、自分のなかで生じる気持ちのことであり、きわめて主観的な意識体験です。感情のなかでも、やや漠然とした心身の状態や、ある状況によってもたらされる気持ちを心理学では**気分**と呼びます。「今日は1日中嫌な気分だった」などと表現されるように、気分は一定の期間持続する快・不快の感情です。それに対して、怒りのように瞬間的に強く生じる気持ちを**情動**と呼びます。情動は、物事や人などの特定の対象に感じて起こる感情であり、気分と同様に、どちらかと言えば受動的な心理状態と言えるでしょう。

感情は重要なコミュニケーション手段

その一方で、感情はコミュニケーションであるという考え方もあります。

特に情動には、それぞれに特有の反応が伴います。例えば、嬉しいという感情は笑顔によって表現されやすく、その表情を向けた相手に「私が喜んでいることを知ってほしい」というメッセージを伝えます。怒りの感情を抱いたときは、声を荒らげたり大きな声を出したりしがちですが、その話し方自体が「私の悔しさを理解してほしい」「何とかしたい気持ちをわかってほしい」などの強いメッセージを伝えていると考えられます。このように感情は人との関係において重要なコミュニケーション手段であると言えるでしょう。

傾聴するときは、その人の心の状態を表現する発言や、その発言に伴う非言語的手がかりなどから相手の感情を推測し、しっかり受けとめることで、より深いコミュニケーションが可能になるのです。

対人援助とメンタライゼーション

メンタライゼーションは、近年、臨床の現場で注目されている心理学用語です。

言葉そのものに馴染みがなくても、私たちは日常的にメンタライズしています。例えば、あなたが傾聴しているときに、話をしている相手がギュッとハンカチを握りしめていることに気づいたとします。その様子から、あなたは相手の緊張や不安な気持ちなどを感じ取るでしょう。このように、行動と感情を結びつけて解釈しようとする心の機能のことを**メンタライゼーション**と呼びます。そして、その人の行動が心の状態と結びついていると考えて、その人の個人的な欲求や感情などを読み取ることを**メンタライズする**と表現します。

メンタライゼーションは相手を理解しようとするときに自然に行われている心の機能ですが、特に対人援助の現場では援助の対象者をよく観察し、そのときどきの相手の心の状態を感じ取ることを心がけましょう。

メンタライゼーションは、Holding mind in mind（心で心を思うこと）と表現されます。他者を理解するときに欠かせない心の機能です。

キーワード　感情リテラシー、プルチックの感情の輪

感情リテラシーを高める

目に見えない感情を理解する

観察できない感情を知る

感情を受けとめるためには、感情リテラシーを高めることが必要です。本来、リテラシーとは読み書きの能力を意味する言葉ですが、一般的にはITリテラシーや情報リテラシーのように、ある特定の分野に関する知識や理解、それらを活用する能力を指す言葉として使われています。つまり、**感情リテラシー**とは、感情に関する知識を持ち、人の感情を理解して、その理解に基づいた適切な活用ができる力と言えるでしょう。

感情リテラシーを高めるために必要なのは、何と言っても人の感情に関する知識です。心理学では直接的に観察できない感情を理解するために、これまで多くの研究が行われてきました。そのなかでも、直感的にわかりやすいと評価されているのが**"プルチックの感情の輪"**と呼ばれるモデルです。

感情の種類と程度

アメリカの心理学者プルチック（Plutchik, R.）は、人の感情を目に見える形で表現したモデルを提唱しました。このモデルでは、喜び、信頼、恐れ、驚き、悲しみ、嫌悪、怒り、期待の8つの基本感情（純粋感情）と、これらの感情を組み合わせることによって生まれる8つの混合感情（応用感情）から人の感情は成り立つと考えます。例えば、「愛」は、「喜び」と「信頼」の2つの基本感情を組み合わせた混合感情と位置づけられており、感情の種類だけでなく、感情の複雑な相互関係もあらわしているのです。

さらにプルチックは、8つの基本感情の強弱を色のグラデーションで示しています。例えば、「怒り」の感情が強まると「激怒」になり、弱まると「苛立ち」になることがわかります。感情を理解するためには、感情の種類とともに、その感情の程度を把握することも大切です。

プルチックの感情の輪

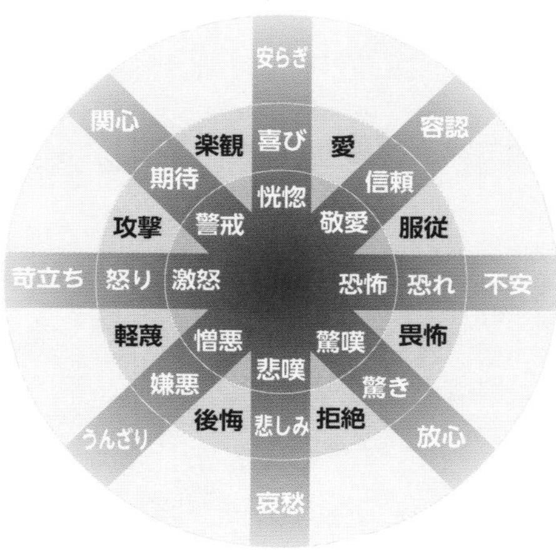

8つの基本感情		8つの混合感情
喜び	達成感や感謝などの、さわやかな気持ち	
		愛
信頼	心配なく、信じて安心した気持ち	
		服従
恐れ	危険や危機を感じている気持ち	
		畏怖
驚き	予期しない出来事に驚く気持ち	
		拒絶
悲しみ	喪失感や絶望感などの気持ち	
		後悔
嫌悪	不快感や嫌悪感などの気持ち	
		軽蔑
怒り	不愉快で苛立つ気持ち	
		攻撃
期待	希望を持って待ち望む気持ち	
		楽観
喜び		

キーワード　感情語、感情機会

感情機会を見逃さない

心の状態に焦点を当てる

感情語を聞き逃さない

傾聴するときは、その人の心の状態に焦点を当てて、感情機会を逃さないことが重要です。**感情機会**とは相手の感情に気づき、その感情を受けとめて、適切に対応する機会を意味します。具体的には3つのポイントを意識してみましょう。

1つ目のポイントは、感情語をしっかりキャッチすることです。**感情語**とは、心の状態を表現する単語を指します。相手の話のなかに「嬉しかったです」「がっかりしました」などの感情語が登場したときは、その言葉に注目します。感情語には「楽しい」「悲しい」などの言葉のほかにも、「えっ」と驚いたときに咄嗟に出る言葉なども含まれます。

非言語から感情を観る

2つ目のポイントは、その人の非言語を観察することです。言葉による感情表出は意識的に行われることが多いのに対して、その人の表情や視線、姿勢などの非言語には無意識的に感情が表現される傾向があります。相手が何も語らなくても、その人の顔の表情を観て心の状態に気づくこともあるでしょう。あるいは、相手が語る言葉とは異なる感情が、その人の非言語に見え隠れしたりすることもあります。

準言語から感情を聴く

3つ目のポイントは、その人の準言語にも注目することです。傾聴するときは、相手の語調や声の調子などにも意識を向けてみましょう。同じ発言をしても、どのような言い方をしたのかによって、その言葉に込められている感情は異なります。相手の感情を推測する有力な手がかりになることもあるでしょう。相手の感情の変化に気づくためには、普段のその人の話し方や声の調子を知っておくことも大切です。

感情機会を逃さないための3つのポイント

1 感情語を聞き逃さない
2 非言語から感情を観る
3 準言語から感情を聴く

感情表出のサイン

	注目するポイント	悲しみの表出例
言語	直接的発話（感情語） 間接的発話	「私は悲しいです」 「親友が亡くなってしまって……」
非言語	表情 目の動き 動作 姿勢	泣き顔 伏し目がち ゆっくり 弱々しく猫背気味
準言語	話し方 話す速度 声の大きさ 声の調子	弱々しい、ボソボソ話す ゆっくり か細い 暗い沈んだ声

キーワード　感情探索の技法、ネーミング

感情表出を促す
心の状態を尋ねる

オープン・クエスチョンで感情表出を促す

その人の心の状態について尋ねて、相手の感情表出を促す方法のことを**感情探索の技法**と呼びます。例えば、「今、どのようなお気持ちですか？」などとオープン・クエスチョンで問いかけて、相手の感情表出を促します。現在の感情だけでなく、過去の感情や感情の変化、特定の対象に対する感情なども必要に応じて質問します。

援助職から問われると、援助の対象者はその質問に返答しようとして、自分の感情と向き合うことになります。自分でもはっきりしていなかった気持ちが徐々に整理されたり、隠れていた気持ちに自ら気づいたりする機会にもなるでしょう。

質問で得られる2つの効果

感情探索の技法には、2つの効果があります。

1つは、「あなたの気持ちを知りたい」というメッセージを伝える効果です。援助職が事実関係を尋ねる質問ばかりすると、援助の対象者は自分が1つのケースとして扱われているような気分になるでしょう。感情表出を促す質問をすることで、援助職がその人の状況だけでなく、その人が抱えている気持ちにも関心を持っていることが相手に伝わります。

もう1つは、内在化されている感情を自身の言葉で語る機会を提供する効果です。目の前の出来事に囚われてしまい、自分自身の気持ちに無自覚な援助の対象者も少なくありません。感情表出を促すオープン・クエスチョンは、援助の対象者に自身の心の状態に意識を向けて、あらためて自分の気持ちを整理する機会を提供します。同時に、その人自身の言葉で自由に語ってもらうことで、内在化されている感情を表出する機会の提供にもなるのです。

感情探索の技法（感情表出を促す質問）例

●過去の感情を尋ねる質問

「そのとき、どのような気持ちになりましたか？」
「その話を聞いたとき、どう感じられましたか？」

●現在の感情を尋ねる質問

「今、どのように感じますか？」
「よろしければ、今のお気持ちを教えてください」

●感情の変化を尋ねる

「その間、どのような気持ちの変化があったのか教えてください」
「その直後のお気持ちと、今現在のお気持ちに違いがあればお話ししてください」

●特定の対象に対する感情を尋ねる

「一番上のお子さんに対して、どのような想いをお持ちですか？」
「他界されたお父様に、どのような感情を抱いていたのですか？」

●特定の状況における感情を尋ねる

「それをするとき、どのような気持ちになりますか？」
「拒否されたのは、どのような気持ちからだったのですか？」

スキルアップ

自己表現が苦手な人にはネーミング

「どのように感じますか？」などの質問に対して、自分の気持ちを上手く言葉で表現できずに困ってしまう人もいます。そのようなときは、援助職が「不安な感じですか？」などと代わりに言語化するとよいでしょう。具体的な形容詞を用いて、相手の感情を表現することを**ネーミング**（命名）と呼ぶこともあります。
相手から、「うーん、不安という感じではなくて……」などの反応があれば、いくつかの選択肢を提示してみましょう。「悲しい感じに近いですか？」「それとも、困っているという感じですか？」などと、その人にとって最も近い感情を選んでもらうとよいでしょう。

キーワード　表情同調（表情模倣）、自衛的な笑い

意図的に表情を一致させる

感情を非言語で表現する

感情を受けとめる非言語的な技法

援助の対象者の嬉しそうな表情を見ているうちに、気づいたら自分も笑顔になっていたという体験を持つ援助職も少なくないでしょう。相手の表情と同じような表情が、自発的に生じる現象のことを**表情同調**、あるいは**表情模倣**と呼びます。

表情同調はミラーニューロン（p.72）によって自然に起こる現象ですが、これを意図的に活用してみましょう。例えば援助の対象者が嬉しそうに話をしているときは、微笑みながら聴きましょう。相手が困った表情で話しているときは、自分も同じような表情で傾聴します。援助職が、援助の対象者と同じ表情で話を聴くと、3つの効果が期待できます。

意図的な表情同調の3つの効果

1つ目は、相手の感情を受けとめたことを伝える効果です。意図的に表情同調することで、援助職の表情に相手の感情が映し出されます。援助職の微笑んだ表情を見て、援助の対象者は「私の嬉しい気持ちをわかってもらえた」と感じるでしょう。あるいは、援助職の困った表情を見て、「自分のことのように受けとめてくれた」と実感できるはずです。

2つ目は、相手の心の状態を理解することに役立つという効果です。近年の心理学的研究によって、相手と同じ表情になることで、その人の気持ちを追体験できることが明らかになってきました。相手の表情を模倣することで自分にも同じ感情がわき上がり、その人の心の状態を体験的に理解することが可能になると考えられています。

3つ目は、互いに心が通いやすくなるという効果です。そもそも自然な表情同調は、友好的な関係の人との会話においてよく見られる一方で、信頼できない人との会話では起こらないことがわかっています。意図的に同じ表情になることで、援助職が共感的に傾聴していることが伝わるため、援助の対象者は親しみや安心を感じることができるのです。

表情同調するときはココに注意！

<援助職自身の表情を確認しておこう>

鏡の前で喜怒哀楽の表情をつくり、自分の表情が相手の目にどのように映るのかを確認しておきましょう。p.120 のWork にもチャレンジしてみましょう。

<援助の対象者の自衛的な笑いに注意しよう>

相手が笑い顔で話をしていても、それが喜びや嬉しさの表情とは限りません。諦めの笑いや苦笑い、困惑の笑いなど、心を隠すための自衛的な笑いに対して、表情同調しないように注意しましょう。

スキルアップ

その人の「笑い」を見極める

自分の気持ちを隠そうとする笑いを、**自衛的な笑い**と呼びます。例えば、悲しい出来事を話しているときの笑い顔は、つらい気持ちを隠そうとする自衛的な笑いと考えられます。笑いに隠された本当の感情に気づかないまま、援助職も笑顔で話を聴けば、相手は「悲しんでいる私のことを笑った」などと誤解してしまうかもしれません。

自衛的な笑いに気づくためには、そのときの話の内容や、動作や姿勢などの非言語、声の調子などの準言語にも注目してみましょう。喜びや嬉しさから起こった笑いであれば、表情以外の非言語や準言語にも同じ感情があらわれるはずです。相手の表情は笑っているのに、表情以外の部分から喜びや嬉しさ、幸福感などが伝わってこないときは、その人の心の状態をより深く知る必要があります。相手の笑いに違和感を覚えたら、p.122 リフレクションや p.126 感情の明確化、あるいは p.142 対決の技法を活用してみるとよいでしょう。

DL対応

ペア Work 感情を非言語で表現してみよう

ワーク

表情同調を体験するペアワークです。

1. 2人一組のペアを作り、AさんとBさんを決めてください。
2. Aさんは、以下のリストから感情を1つ選びます。
   Aさんは、Bさんの前でその感情の表情をつくります。

   感情リスト

   喜び、好意、悲しみ、怒り、驚き、戸惑い、嫌悪

3. Bさんは、Aさんの表情を真似てみましょう。
4. AさんとBさんは、互いの表情がどの感情をあらわしているように見えたか、報告し合います。最後に、Aさんは選んだ感情を発表してください。
5. Aさんは感情リストから別の感情を選んで、2〜4を繰り返します。2分経過したら中断します。
6. 役割を交代して、2〜5を行います。
7. このワークを行った感想や気づきを話し合ってみましょう。

表情豊かな人もいれば、自分が思っているほど表情に変化があらわれない人もいます。表情を発信する側と受信する側を体験すると、自分の顔の特徴や表情の癖を知ることに役立つでしょう。

言語は35%、非言語は65%

言語（バーバル）は円滑な意思疎通のために欠かせないコミュニケーション手段です。援助の対象者と対面で会話をする場面では、主に話し言葉によってメッセージをやりとりしていますが、このとき同時に言葉以外の手段によっても多くのメッセージをやりとりしています。バードウェステル（Birdwhistell, R. L.）の研究によると、コミュニケーション全体の約65%は、実は**非言語（ノンバーバル）**によって行われていることが報告されています。つまり、言語によるコミュニケーションは全体の35%程度にすぎないのです。

援助の現場では、援助の対象者の表情や動作などを観察することで、言葉には表現されていないメッセージも受け取ることができます。その一方で、援助職も言葉以外の手段によって、無意識のうちに多くのメッセージを相手に伝えているのです。

例えば、困った出来事が起こった場面で、自衛的な笑いが癖になっている援助職は思わず苦笑いをするかもしれません。ところが、その表情を見た援助の対象者は「どうして笑っているのだろう」と混乱してしまったり、「鼻で笑われた」と誤解してしまったりすることもあります。また、困ったときに眉間にシワを寄せる癖を持っている援助職は、相手に「怒り」や「不機嫌」などの誤ったメッセージを送ってしまうこともあります。

非言語は無意識のうちに多くのメッセージを伝えているからこそ、自分自身の普段の表情や癖になっている動作・姿勢などを振り返り、それが援助の対象者にどのような影響を与えているのかを知っておくことが大切です。

コミュニケーションにおける割合

言語によるメッセージ **35%**	非言語によるメッセージ **65%**

キーワード　感情の反映、オノマトペ、リフレクション

感情を受けとめたことを伝える「感情の反映」

感情を言葉で伝える

感情には、感情で応える

相手の感情をそのまま受けとめたことを伝えるには、感情の反映が有効です。**感情の反映**とは、相手から伝わってくる感情を言語化して返す技法です。具体的には、相手の感情に関する発言をそのまま援助職が繰り返したり、援助職が感じ取った相手の心の状態を言語化したりします。事実関係などの事柄にではなく、感情に焦点を当てることで、「あなたの心に何が起きているのかを理解しました」というメッセージを送ることができます。

感情に関する発言があった場合

援助の対象者が自分の心の状態について発言したときは、感情の部分に焦点を当てて、繰り返しの技法や言い換えの技法を活用します。例えば、怒りの感情を抱いたときに「なんかムカムカしている」と**オノマトペ（擬態語）**で感覚的に表現する人には、「ムカムカしているのですね」とその人の表現をそのまま繰り返したり、「怒りがおさまらないのですね」などの表現に言い換えたりして相手に伝えます。言い換えるときは、その人の言語表現を尊重しながら、相手を直接的に刺激するような表現は避けることが大切です。

非言語・準言語に感情があらわれた場合

援助の現場では、見たことや感じ取ったことのリフレクションも活用するとよいでしょう。**リフレクション（反映）**とは、相手の言動を映し出す鏡のように振る舞うことです。具体的には、援助職が観察から気づいたことを、「やっと笑顔になりましたね」「声に力強さを感じます」などと言語化して相手に伝えます。援助職からのリフレクションによって、援助の対象者は鏡に映った自分を見るように、自身の心の状態に気づく機会になるのです。

リフレクション（反映）

聴いたことのリフレクション………… 相手の発言を返す
見たことのリフレクション…………… 相手の表情や目の動き、動作などを言葉で返す
感じ取ったことのリフレクション…… 相手の態度や雰囲気などを言葉で返す

「感情の反映」の活用例

援助の対象者

昨日、病院で結果を教えてもらいました。医師が『もう大丈夫です』って言ってくれて……。その一言を聞いて『やった～！』って感じでした

内容に対する繰り返し

『もう大丈夫です』っておっしゃったのですね

援助職

感情の反映（感情部分の繰り返し）

『やった～！』という感じだったのですね

援助職

感情の反映（感情部分の言い換え）

その一言が、とても嬉しかったのですね

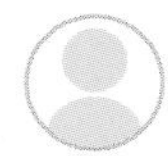
援助職

感情の反映（見たことのリフレクション）

だから今日は、ずっと笑顔なのですね

援助職

感情の反映（感じ取ったことのリフレクション）

今の○○さんは、やる気に満ちているようですね

援助職

話のどこに焦点を当てて応答するのかによって、相手が次に話す内容が方向づけられます。相手に自身の気持ちについて語ってもらうときには、感情の反映が有効です。

DL対応

ペアWork（ワーク） 感情を言葉で伝えてみよう

感情の反映を体験するペアワークです。

1. 2人一組のペアを作り、AさんとBさんを決めてください。
2. Aさんは、以下のなかから1つテーマを選び、Bさんに2分間話をしてください。

   ・最近嬉しかった出来事　・最近驚いた出来事　・最近悲しかった出来事
   ・最近怒りを感じた（イライラした）出来事　など

   Bさんは、うなずきを基本にして、その合間にあいづちを入れながらAさんの話を聴きます。
3. Bさんは、Aさんが感情を表出したときには感情の反映をします。

   感情に関する発言があった場合：繰り返しの技法や言い換えの技法を活用
   非言語・準言語に感情があらわれた場合：見たことや感じ取ったことのリフレクション
4. 役割を交代して、2〜3を行います。
5. このワークを行った感想や気づきを話し合ってみましょう。

感情に関する発言では、「嬉しかった」「驚いた」などの感情語のほかにも、「ヒヤヒヤしちゃいました」「ガッカリでした」などのオノマトペ（擬態語）にも注目してみましょう。

感情を表現するオノマトペ(擬態語)

日本語には、感情を表現するオノマトペ（擬態語）がたくさんあります。

オノマトペ（onomatopee）とは、フランス語で自然界の音や状態を言葉にあてがった表現のことを意味します。「ワンワン」「ニャーニャー」などの動物の鳴き声や「トントン」とノックする音など、実際に聞こえる音を言葉にあらわしたオノマトペを擬音語と呼び、実際には音として聞こえない「ムカムカ」「ワクワク」などの心の状態を表現するオノマトペを擬態語あるいは擬情語と呼ぶこともあります。擬態語は、表現する感情がほぼ決まっているため、感情を明確化するときにも参考になるでしょう。

「喜び」「期待」	ホッとする、ウキウキする、ワクワクする、ニコニコする
「驚き」	ドキッとする、ギョッとする、ハッとする
「不安」「恐れ」	ヒヤヒヤする、オロオロする、ドキドキする
「悲しみ」	ションボリする、ガッカリする、メソメソする
「心配」「後悔」	クヨクヨする、モヤモヤする、ハラハラする
「怒り」	ムカムカする、イライラする、カッとなる、ムシャクシャする

キーワード　**感情の明確化**

心の声を代わりに表現する「感情の明確化」

言語化されていない感情を明確にする

本人の代わりに感情を表現する

明確化とは、相手が言いたいと思っていることを、聴き手が代わりに言語化する技法です。言葉の意味や曖昧な事柄を具体的にしたり、まとまりのつかない発言を聴き手が明確にしたりするのは**事柄の明確化**です（事柄の明確化については、p.96で紹介しています）。

それに対して**感情の明確化**は、上手く言いあらわせない気持ちや、表現することをためらっている感情などを、話し手の代わりに聴き手が明らかにしようとする技法です。傾聴しているときに「今、このように感じているのかもしれない」と相手の心の声を感じ取ったら、本人の代わりにその感情を言語化してみましょう。その人の感情を明確にしながら聴くことで、援助の対象者は自身の心の状態を整理しながら話を続けることができます。

話す内容から感情を明確化

相手の話す内容からその人の思いが伝わってきたときは、聴き手が言語化してみましょう。例えば「明日、スクールカウンセラーと面接の予定があって……。きっと、いろいろ質問されるんですよね」という発言からは、面接で質問されることへの不安な気持ちを感じ取ることができます。その心の声を、「どんなことを訊かれるのか心配なのですね」などと言語化して伝えてみましょう。

非言語から感情を明確化

援助の対象者の表情や目つきなどからも、言葉で直接的に表現されていない感情が伝わってくることがあります。そのようなときは、例えば「不安そうな表情に見えますが、いかがですか？」などと言葉をかけるとよいでしょう。その人自身に心の声を言語化してもらうきっかけになります。

スキルアップ

コミュニケーションの二重構造に注意

援助の対象者は、不安や遠慮などの気持ちから本音が言えず、コミュニケーションが二重構造になりがちです。相手の言葉をしっかりと受けとめることは傾聴の基本ですが、援助の対象者の発言を額面どおりに受けとめているだけでは不十分な場合もあります。

例えば、「もういいです。それは仕方がないことですから」と発言したときに、相手が穏やかな表情なのか、険しい表情なのかで、伝わっている心の声は異なるでしょう。穏やかな表情であれば言葉どおりの意味として受けとめることができますが、険しい表情で発言したのであれば言葉の裏に隠されたメッセージがあると考えられます。

険しい表情が伝えたいのは、援助職の対応への不満かもしれません。あるいは、その人の内面にある後悔や自分自身を責める気持ちなのかもしれません。言葉の裏にある感情を引き出せるように、その人の心の状態に焦点を当てて耳を傾けましょう。

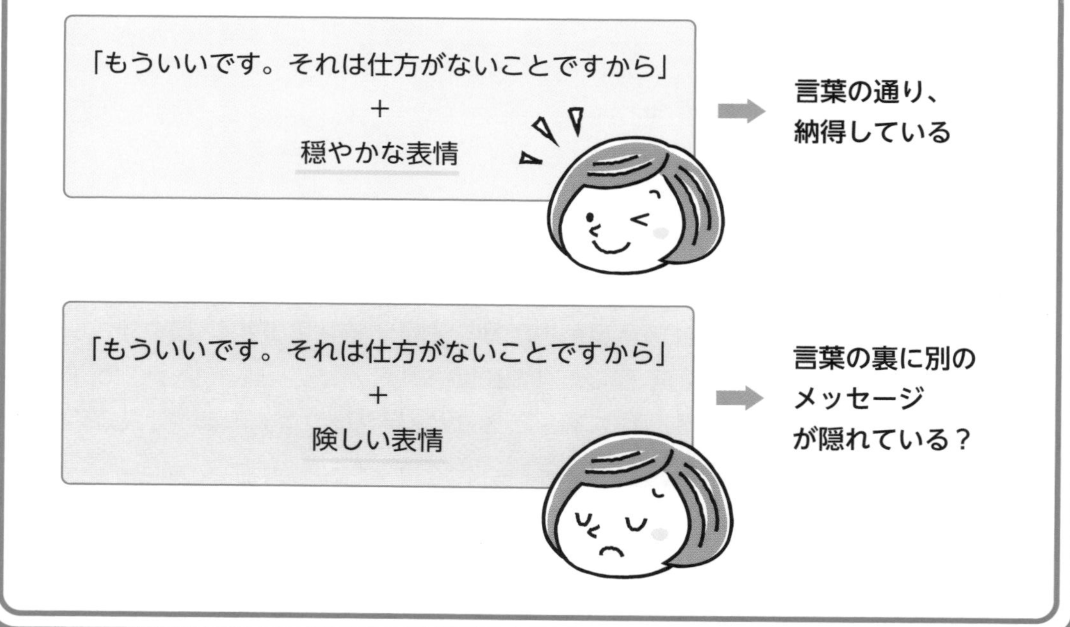

キーワード　共感的応答、ディフェンス・メカニズム

相手の感情に寄り添う「共感的応答」

共感を伝える

「わかってもらえた」と相手が実感する応答

感情の反映や感情の明確化は、共感的理解を示しながら傾聴するときに欠かせない技法です。相手の心の状態に焦点を当てて傾聴し、その人の感情をどのように理解したのかを援助職の言葉で伝えることを**共感的応答**と呼びます。

その人の気持ちを理解することができても、それを適切に表現することができなければ援助職の共感は相手の心に届きません。それどころか、「わかってもらえなかった」と失望させてしまうこともあります。共感を伝えるときは、「自分の気持ちをわかってもらえた」と相手が実感できる応答を心がけましょう。

「わかります」では共感は伝わらない

共感を伝えるときに「わかります」と応答する人も少なくないでしょう。「わかります」とは、あなたの気持ちがわかるという自分の状態を表現する言葉ですが、あいづち代わりに「わかります、わかります」と応答したり、適切な言葉が見当たらないときに「わかります」の一言で済ませたりする人もいます。そのため、安易に「わかります」と伝えると、相手に不信感を抱かせてしまうかもしれません。

共感を伝えるときは「わかります」の代わりに、感情の反映や感情の明確化を活用して、相手の気持ちをどのように理解したのかを言葉で伝えましょう。「わかります」と言わなくても、理解した相手の感情を「嬉しそうですね」「とても悲しいのですね」などと言葉で伝えることで、相手は「ちゃんと私の気持ちを理解してくれた」と実感することができます。

家族や友人との会話では、「わかる、わかる」などと共感を示すこともあるでしょう。しかし、援助の専門家としての共感では、理解した相手の感情をきちんと言語化して伝えることが重要です。

共感的応答のための技法

相手の心の状態に焦点を当てて傾聴

感情を表現する言葉や、相手の表情や身振り、
声の調子などに注意を向けてみましょう

相手が言語・非言語で感情表出したとき

感情の反映

感じ取った感情を言葉で伝えます

相手の心の声が伝わってきたとき

感情の明確化

推察した感情を言葉で伝えます

効果的な共感的応答のポイント

- 理解した相手の感情を言葉で伝える
- 相手の感情に合わせた準言語(声のトーンや話し方)で伝える
- 相手の感情に合わせた非言語(表情や動作など)で伝える

言葉だけで共感するのではなく、理解した相手の気持ちと
同じ感情を言語・準言語・非言語のすべてに乗せましょう。

自分を守るディフェンス・メカニズム

上司からミスを指摘されて怒られたとき、あなたはどのような反応を示していますか？

ミスしたことに対して言い訳を言う人、周囲の人やものに八つ当たりしてしまう人、ひたすら我慢して何事もなかったかのように振る舞う人もいるでしょう。あるいは、怒られた経験をバネにして、もっとがんばろうと前向きに考える人もいます。このように私たちの心には、深く傷つくことを何とか防いで、自分を守ろうとする無意識的な働きがあります。この心の働きを**ディフェンス・メカニズム**と呼びます。日本語では**防衛機制**と訳されますが、「昇華」のように本来の合理的適応への過程として積極的な意味を見出すことができる心の働きもあるため**適応機制**とも呼ばれています。

ディフェンス・メカニズムに関する知識は、フラストレーションや葛藤を抱える援助の対象者の言動を理解する手がかりになります。

主なディフェンス・メカニズム

抑圧

認めがたい欲求や感情を無意識下に抑え込んでしまう

例　つらかった体験やショックを受けた出来事をよく覚えていない

否認

ショックな出来事を現実として受け入れない

例　「何かの間違いである」などと主張して認めない

逃避

不快な場面や緊張する場面から逃げ出す

例　やらなくてはいけないことをせずに、直接関係のないことに夢中になる

投影

認めがたい自分の感情や欲求を、自分のなかにあると認めずに他者に投げかける

例　嫌悪の感情を持っているのは自分なのに、「あの人は私を嫌っている」と相手を非難する

反動形成

認めがたい感情や欲求を抑圧するために、それとは反対の感情や欲求を示す

例　本当は興味があるのに無関心を装う

知性化

自分の感情に向き合うことを避けて、知的に理解しようとする

例　物事を理屈で解釈しようとする

合理化

本当の理由を隠すために、もっともらしい理由づけをする

例　自分を正当化するための言い訳をいう

昇華

認めがたい感情や欲求を、社会的に望ましい活動へのエネルギーに向ける

例　悔しい気持ちをスポーツで発散する

同一化

叶わない願望を実現している他者と自分とを同一と見立て、代理的に満足する

例　息子（娘）が一流企業に就職したことを自慢する

キーワード　正当化の技法、外接的なかかわり、内接的なかかわり

感情面での体験を支持する「正当化」

感情表出を後押しする

感情を受けとめて支持する

正当化とは、相手の感情面での体験が妥当であることを伝える技法です。その人が体験した感情の妥当性を認め理解を示すことで、相手の気持ちを支持します。

例えば、「一日中そのことが心配で……。私は異常なのでしょうか？」と援助の対象者から言われたとき、「心配になるのも無理はないと思います」「そのような気持ちになるのはもっともだと思います」などと伝えるのが正当化の技法です。「私は異常なのでしょうか？」という質問の背景にある感情を察して、それが自然な反応であることを伝えます。

質問への返答は2つのレベルで考える

援助の対象者からの質問に対しては、どのレベルでの応答が求められているのかを見極める必要があります。例えば「この薬はいつ飲めばいいですか？」などの特定の知識や情報を求める質問であれば、「夕食後、30分以内に飲んでください」と求められた情報を提供すればよいでしょう。

ところが、「この薬は必ず飲まなくてはいけないのですか？」のような質問の場合、2つの応答が考えられます。1つは「はい、必ず飲んでください」や「痛みのないときは、飲まなくても大丈夫です」などの応答です。相手の質問を言葉どおりに受けとめて、薬の服用に関する適切な知識を提供します。もう1つは「この薬について、心配なことがあるのですね」のように、質問をした本当の理由を理解しようとする応答です。質問という形式をとって遠回しに表出された、その人の気持ちを受けとめます。

相手からの質問を言葉どおりに受け取って、知識や情報を提供するのは**外接的なかかわり**です。質問に何が表現されているのかを理解して、その人の感情に共感を示したり、正当化したりすると、**内接的なかかわり**を実現することができます。

正当化の技法を活用した返答例

援助の対象者

一日中そのことが心配で……。私は異常なのでしょうか？

＜内接的なかかわりとしての返答＞

- 「それほど、悩んでいらっしゃるのですね」➡ 共感的応答
- 「心配になるのも無理はないと思います」➡ 正当化の技法
- 「そのような気持ちになるのはもっともだと思います」➡ 正当化の技法

＜注意が必要な返答＞

- 「えー、そんなに気になっちゃうんですか。それは、良くない状態ですね」

援助職が発言に驚いたり、発言内容を非難したりすると、相手は「やっぱり、こんなこと言わなければよかった」と後悔してしまうでしょう。

- 「異常ではないですけど、気にしすぎですよ」

相手の感情を受けとめずに言葉に対してのみ返答しようとすると、表面的なやりとりになりがちです。

- 「まあまあ、ちょっと落ち着きましょう」

これでは、「あなたは冷静でない」と遠回しに言っているようなものです。相手の感情を受けとめるどころか、逆なでしてしまうこともあります。

転移と逆転移

フロイト（Freud, S.）が創始した精神分析の概念は、カウンセリングに限らず、相談援助の場面などにも多くの影響を与えてきました。そのなかでも、相手の心に寄り添いながら傾聴するときに知っておきたい概念の一つが感情転移です。**感情転移**とは過去の人間関係を、今の人間関係に無意識に重ねてしまうことで抱く感情のことであり、特に養育者との関係を重ねることが多いと言われています。感情転移には、転移と逆転移があります。

転移とは、援助の対象者が、援助職に個人的な感情を抱くことです。例えば、自分の親と年齢の近い援助職に対して、本当は親に抱いていた怒りの感情や敵意などを目の前の援助職に向けてしまう現象を**陰性転移**と呼びます。逆に、自分が大好きだった人と援助職を重ねて、好意や強い信頼を向ける現象は**陽性転移**です。

それとは反対に**逆転移**とは、援助職が、援助の対象者に個人的な感情を抱くことです。例えば、援助の対象者と接するときに「どうしても、この人に対して厳しくなってしまう」と感じている場合や、「業務の範囲を超えてでも、この人の力になりたい」と強く思う場合には、逆転移の可能性が考えられます。

援助職が意識していない逆転移は、援助関係に好ましくない影響を及ぼしてしまうこともあります。特定の援助の対象者に対して通常の範囲を超えた強い感情を抱いたときは、逆転移という概念を思い出してみることも大切です。

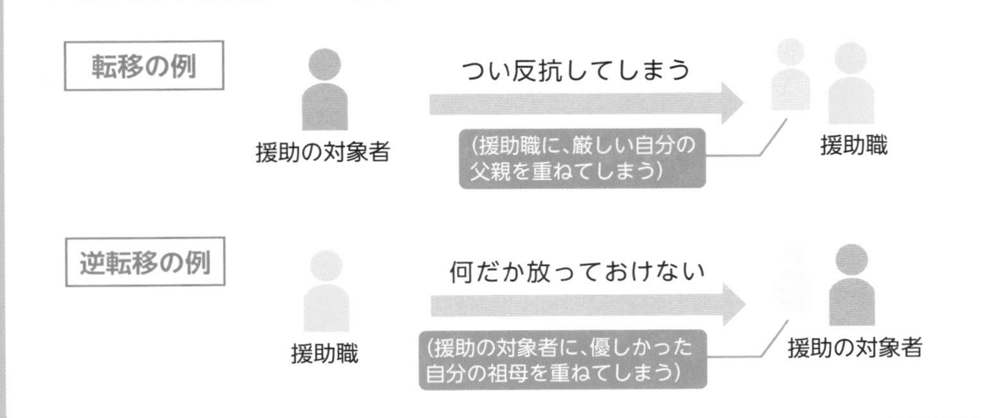

第6章

【実践編】積極的に働きかける

援助につながる対話を引き出すためには、話を聴いて終わりにするのではなく、
積極的に働きかけることも必要です。
積極的な働きかけは、相手の言葉と感情を受けとめてからでなければ上手くいきません。
第6章では、積極的に働きかけるための技術を紹介します。

このようなコミュニケーションになっていませんか？

- □ 自分の解釈を伝えるときは、ちょっと上から目線になりがち
- □ 相手の言動に矛盾や一貫性のなさを見つけたときには正すようにしている
- □ 親しみを感じてもらえるように、初対面では自分のことを積極的に話す
- □ 共感的応答をしたものの、その後に続く言葉が思い浮かばない
- □ 「そんなこと気にしなくて大丈夫ですよ」と言葉をかけて励ますことがある

第6章では、✔がついた項目を改善する方法を紹介しています。
積極的な働きかけをプラスして、コミュニケーション力をさらにアップさせましょう。

キーワード **焦点化の技法**

重要な話題にフォーカスする「焦点化」

話の流れを方向づける

話の流れを流されるままにしない

相手が最も伝えたいと思っている内容に焦点を合わせて、聴き手が話の流れを方向づける技法のことを**焦点化**といいます。傾聴するときは、援助の対象者に自由に語ってもらうことが基本ですが、前置きが長くなってしまったり、次々と話題が移ってしまい脱線したりすることもあります。重要な話題にフォーカスして語ってもらうためには、焦点化の技法を活用して、援助職が意図的に話題を方向づけることが必要です。

本題に入るときの焦点化

挨拶の後、雑談がいつまでも続いたり、前置きの説明が長くなったりする援助の対象者には、「それでは、○○についてお話しいただけますか」と言葉をかけて、本題に入るきっかけを提供します。援助の対象者のなかには、ただ単に「おしゃべり好きな人」もいますが、本人が自覚していなくても、本題に向き合うことを無意識に避けている場合もあります。打ち明けにくい話題ほど先延ばしにしようとする心理が働きやすいため、相手の話に深入りしない程度に付き合いながら、本題に入るタイミングをはかりましょう。

軌道修正するときの焦点化

援助の対象者に任せきりでは、語られる話題が意図しない方向に流されてしまうことがあります。より深めたい話題がある場合には、「○○について、もう少し詳しく教えてください」などと介入して、会話の内容を軌道修正することが必要です。また、話が脱線したときにも、「先程お話しされていた○○についてですが」などと言葉をかけて、話題を元に戻すように方向づけましょう。

焦点化の活用方法

●本題に入るきっかけを提供する

「それでは、本題に入りましょうか」

「では、○○についてお話しいただけますか」

●重要性の高い話題にフォーカスする

「そこのところを詳しくお話しいただけますか」

「○○について、もう少し詳しく教えてください」

●話の流れの軌道修正をする

「話題を○○に戻してもよろしいですか」

「先程お話しされていた○○についてですが」

前置きが長いときには機械的に話題を変えるのではなく、なぜ前置きが長いのかを考えることも大切です。

キーワード　意味の反映、認知的枠組み

その人にとっての意味を明らかにする「意味の反映」

意味や意図、価値を言語化する

認知の枠組みに焦点を当てる

感情の反映とは、相手の心の状態に焦点を当てて、その人の感情を言語化して伝える技法でした。それに対して、**意味の反映**ではその人がもつ認知の枠組みに焦点を当てます。

認知的枠組みとは、判断したり、理解したりしようとするときに何を基準にするかという、その人独自の見方や解釈の仕方のことです。援助の対象者が物事や状況をどのように理解して意味づけているのか、つまりその人の認知的枠組みに着目して、それを言語化する技法が意味の反映です。

言語化して伝える

援助の対象者の発言や行動の背景には、何かしらの意味があります。ただし、それを本人が自覚しているとは限りません。だからこそ、相手の言葉や話の内容から感じ取れる意味や意図、価値などに注目して、「それはあなたにとって、○○という意味があるのですね」などと言語化します。「ああ、そういうことか」と、その人にとって腑に落ちる気づきが得られると、直面している状況や出来事に対する理解をより深めることが可能になるでしょう。

質問形式で問いかける

援助職が言語化する前に、その人にとっての意味や価値を、本人に考えてもらうのもよいでしょう。例えば、「その出来事によって、○○さんが得たものは何ですか？」「それはあなたにとってどのような価値を持ちますか？」などと問いかけると、その人のなかに深く内在している意味を考えてもらう機会になります。意味の反映を質問形式で行うことで、その人自身の気づきをアシストすることも大切です。

感情の反映と意味の反映

感情の反映

- 相手が言葉や非言語で表現した感情を、聴き手の言葉で返す技法
- 相手に、自身の感情への気づきを促す

例 「ほっとしているようですね」
「さびしいと感じているように見えますが……」

意味の反映

- 相手が感じている意味や価値などを、聴き手の言葉で返す技法
- 相手に、その人にとっての意味や価値への気づきを促す

例 「その出来事はあなたにとって、自分を振り返るという意味があったのですね」
「その出来事によって、○○さんが得たものは何ですか？」
「それはあなたにとってどのような価値を持ちますか？」

スキルアップ

先に「感情の反映」、その後に「意味の反映」

その人にとっての意味や価値について触れる「意味の反映」は、「感情の反映」よりもさらに深くかかわるための技法です。そのため、「感情の反映」の後に「意味の反映」を行うほうがよいでしょう。例えば、特定の出来事に対して「そのときは逃げ出したくなるほど苦しかったのですね」と感情の反映を行ってから、「その出来事があったからこそ、今は○○を大切にされていらっしゃるのですね」と意味の反映をします。まず、相手の感情を反映することで援助職の共感を示してから、その出来事が相手にとってどのような意味を持っているのかを反映すると効果的です。

キーワード　解釈の技法、理論的枠組み

個々の要素を関係づける「解釈」

事実関係を体系的にまとめる

視野を広げる後押しをする

特定の理論や方法論などに依拠した**理論的枠組み**に沿って、相手の発言内容を整理したり、意味づけたりする技法を**解釈**といいます。具体的には、聴き手が専門的な知識や経験に基づいて話の内容を体系的にまとめたり、話のなかの個々の要素を因果関係（原因と結果）や時系列で結びつけたりして整理します。

援助職の解釈を伝えることによって、援助の対象者はこれまでとは違った角度で問題を捉えたり、状況を整理したりすることが可能になるでしょう。援助職の解釈を知って、「やはり、そうか」とうすうす感じていたことに確信を持ったり、「言われてみれば、そうかもしれない」と柔軟に考えたりするようになるかもしれません。解釈の技法には、相手に気づきを促すことで、その人が自ら視野を広げられるように後押しするねらいもあるのです。

解釈を絶対的なものにしない

ただし、この技法を使うときは、援助職の解釈を上から目線で押しつけたり、一方的に決めつけたりしないように配慮することが大切です。専門的な知識や経験を持つ援助職の解釈は、非専門家である援助の対象者にとって絶対的なものになりがちだからです。「それは間違いなくこういうことです」と言わんばかりに持論を展開するのではなく、「○○と私は考えますが、どう思われますか？」などと相手の考えも尊重します。相手の意味づけと異なる場合には、「もしかすると、○○だったのかもしれませんね」などと伝えるのもよいでしょう。援助職の解釈が正しいものであっても、その解釈を上から目線で得意気に伝えるのではなく、同じ目の高さで情報提供するように心がけましょう。

解釈の技法を使った会話例

援助の対象者

最近、よく眠れないんです。以前は毎日10時頃には眠たくなって寝つきもよかったのに、最近では12時を過ぎても寝つけなくて、夜中の2～3時頃まで眠れない日もあります

援助職

要約の技法 ➡ 最近は、以前のようにすぐに寝つけないのですね

オープン・クエスチョン ➡ そのようになったのは、いつ頃からですか？

援助の対象者

そうですね、4月頃からかな……。
新しい部署に異動になった頃だったので

援助職

解釈の技法 ➡ 4月から異動になり、その頃からよく眠れなくなったのですね

援助の対象者

ええ、異動してしばらくは何かと忙しかったので気にならなかったのですが、確かにその頃から、夜中になっても目がさえてしまうことが増えました。
今回の異動と関係していたのかな

援助職が「睡眠の変化」と「新しい部署への異動」という個々の要素を関連づけています。この2つが同じ時期に起こっていることを整理して伝えることで、相手に問題の背景を考える機会を提供しています。

キーワード　対決の技法（直面化の技法）、心的葛藤

葛藤に向き合ってもらう「対決」

矛盾に気づいたら話題にする

矛盾を見過ごさずに言語化する

対決の技法は、**直面化の技法**とも呼ばれており、相手の言動における矛盾や不一致を指摘したり、話題にしたりする技法です。対決という名称から相手と意見を戦わせるような技法をイメージしがちですが、この技法のねらいは援助の対象者に気づきを促すことであり、その人の矛盾を正すことではありません。

援助職が相手から感じ取った一貫性のなさを言語化して伝えることで、援助の対象者は、自分のなかに存在する矛盾に気づき、その背景や原因に向き合う機会になるのです。

矛盾の原因は心の揺れ動き

援助の対象者の発言に一貫性がなかったり、言っていることと実際にやっていることが一致しなかったりするときは、その人が心的葛藤の状態にあると考えられます。心理学では、その人の内面に相反する欲求が同時に存在し、どちらを選択するかに困惑している状態を**心的葛藤**と呼びます。心的葛藤による心の揺れ動きは、その人の言動における矛盾としてあらわれます。その矛盾を見逃さずに指摘したり、話題にしたりすることで、相手の葛藤や抑え込んでいる気持ちなどを話してもらうきっかけを提供するのです。

気づいてもらうための働きかけ

援助職が感じ取った矛盾や一貫性のなさを相手に伝えるときは、「どうして、言っていることが毎回違うのですか？」と矛盾の理由を問い詰めるのではなく、「そのことを、どう思われますか？」と意見を求めてみるとよいでしょう。相手が話し始めたら援助職は聴き手に戻って、その人の言葉と感情をしっかり受けとめることが大切です。

矛盾のパターンと対決の技法例

●発言と発言が矛盾

言っていることに一貫性がないときの対決の技法

「以前は○○とおっしゃっていましたが、最近は△△ともおっしゃっていますね」
「やめたいと思っていて、その一方でやめることはできないとも考えているのですね」

●発言と行動が矛盾

言っていることと、実際にやっていることが一致していないときの対決の技法

「もうやめるとおっしゃっていましたが、まだ続けているのですね」
「かかわりを持ちたくないとお話しされていましたが、ご自身から連絡されたのですね」

●発言内容と非言語表現が矛盾

話の内容と表情などの非言語が一致していないときの対決の技法

「気にしていないとおっしゃっていましたが、浮かない表情をされていますね」
「これでやっと安心できるとおっしゃっていましたが、私にはまだ不安を感じていらっしゃるように見えます。どう思われますか？」

●発言内容と準言語表現が矛盾

話の内容と声の調子などの準言語が一致していないときの対決の技法

「大丈夫とおっしゃっていましたが、声に元気がないように感じます」

●非言語表現と非言語表現が矛盾

その人の非言語表現が一致していないときの対決の技法

「明るい表情で話をしてくださっていますが、肩に力が入っているようですね」

対決の技法を活用するときに心がけること

●話の内容や相手の言動の矛盾を見過ごさない

矛盾に気づくためには、話の脈絡や発言内容だけでなく、相手の非言語・準言語にも意識を向けて聴くことが必要です。非言語あるいは準言語から感じ取れる感情と、発言内容にズレがないかにも注意しましょう。

●非審判的態度でその矛盾点を指摘する

援助職の評価や判断を挟まずに、矛盾点を伝えましょう。また、「本当はこうなんでしょう？」などと決めつけるような態度で指摘すると、相手を傷つけ、不愉快な思いにさせてしまうので注意が必要です。

●相手に有益だと予想される場合に限定して活用する

この技法のねらいは相手の気づきを促して、援助につなげることです。相手の言動における矛盾点や一貫性のなさを重箱の隅をつつくように探し出して、「見つけたぞ」とばかりに得意気に指摘することではありません。

対決の技法は使い方を誤ると、非難や攻撃と受け取られてしまうこともあります。
相手に強い影響を与える技法だからこそ、援助の対象者と良好な関係が形成できていないときは活用を避けたほうが無難です。

葛藤が生まれやすい「べき思考」

「○○するべき」という思考が優先される、いわゆる“べき思考”が強い人には葛藤が生じがちです。「家族なんだから、親を介護するべき」と考える一方で、「でも、家族だからって親を介護しなくてはいけないのだろうか」などと感じているときは、そこに葛藤が生まれてしまいます。

「○○するべき」という考え方は、社会的な規範だけでなく、その人のコアビリーフから形成されることもあります。**コアビリーフ**とは、その人の行動や生き方を左右する信念であり、大切に持っている価値観のことです。具体的には「約束は必ず守るべき」「頼まれたことには責任を持つべき」などの自分が正しいと思っていることや、「親切にしてくれた人には感謝するべき」などの自分にとって心地よいことや、自分が相手にしてほしいと期待していること、とも言えるでしょう。コアビリーフはその人が育った環境のなかで形成されますが、潜在意識の奥にあり、自分でも自身のコアビリーフに気づいていないことも多いのです。

キーワード　自己開示、自己提示

援助職自身を援助に活かす「自己開示」

援助職自身のことを話題にする

援助のツールとしての自己開示

自己開示とは、自らの意思で自分の情報を相手に伝えることです。援助職自身の家族や生活を話題にしたり、体験したことやその体験から学んだことなどを話したりするのは、自己開示の代表例です。援助職が自己開示することで、援助の対象者も自分自身のことを話しやすくなり、お互いの距離を縮めることに役立ちます。

援助職の自己開示は、援助の対象者とラポールを形成するうえで重要な手段であるとともに、援助の対象者にとって考え方や行動変容の良いモデルとなったり、新たな気づきを得るヒントになったりすることもあります。

自己開示の目的を意識する

援助の対象者に自分自身の話をするときは、自分を良く見せることを目的とした自己提示にならないように注意しましょう。相手に良い印象を持ってもらおうとして、自分に関するポジティブな情報のみを伝えるのは**自己提示**であり、自己開示とは区別されます。

援助の現場では、自分が話したいことを自由に語るのではなく、援助につながるような自己開示をすることが大切です。そのためには、その人との関係性や状況に応じて、話す内容の深さや量を判断することが必要になります。

出会って早々に自分のプライベートをやたらと話したり、深刻な身の上話をしたりするのは避けましょう。相手が「自分も同じように自己開示しなくてはいけないのだろうか」と負担に感じることもあるため、多すぎる自己開示と深すぎる自己開示には注意が必要です。誰に話をしても構わないようなレベル1から少しずつ始めて、親密になるにつれてより深いレベルの自己開示をするとよいでしょう。また、自身の体験やその体験から学んだことなどを話す際には、それが押しつけのアドバイスにならないように注意しましょう。

自己開示の「深さ」

浅い	レベル1	趣味、好きなもの、楽しみなこと、最近の出来事　など
	レベル2	体験した出来事、これまでの経験から得たことや学んだこと　など
	レベル3	苦手なことや不得手なこと、些細な欠点や弱点　など
深い	レベル4	自分の性格の欠点や弱点、劣等感を抱いている自分の能力　など

互いの自己開示が進むしくみ

援助職

援助の対象者

自己開示する

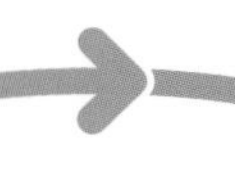

「自分が信頼されている」と感じる

援助職に対する好意と親密感が増す

自己開示する

受けとめる

援助の対象者との距離が近くなる

援助職が自己開示すると、援助の対象者は「自分を信頼してくれた」と受け取り、援助職に好意と親密さを感じて、心を開いてくれるようになるのです。

キーワード　バディ効果、励ましの言葉

「がんばって」より心に届く言葉かけ

支援したい意思を伝える

援助につながる一言をプラスする

共感的応答をしたものの、その後に続く言葉が思い浮かばないと何となく気まずい雰囲気になりがちです。相手の気持ちに共感を示した後は、援助につながる一言をプラスしてみましょう。例えば、「どうしたらよいか一緒に考えていきましょう」「いつでも相談に乗ります」などの言葉は、援助職がその人とともに在ろうとする気持ちを伝えてバディ効果を高めます。

バディとは仲間を意味する言葉であり、**バディ効果**とは相手と自分との間に生まれた仲間意識のことです。バディ効果は、自分の話に熱心に耳を傾けてくれた相手に対して芽生えやすいことがわかっています。その効果をさらに高める言葉を、共感的応答にプラスしてみましょう。

支援したいという意思を伝える

共感的応答の後に、相手を励ます言葉をかける援助職もいるでしょう。「がんばって」「がんばってください」などは代表的な**励ましの言葉**ですが、相手にもっと努力することを求めているように聞こえてしまう言葉でもあります。援助職は「がんばって」と応援しているつもりでも、相手は「がんばるのはあなたですよ」と言われているような気持ちになってしまうかもしれません。

相手にがんばることを求める代わりに、その人を支援したいという気持ちを言葉で伝えてみましょう。「いつも私のことを気にかけてくれる人がいる」と思えることで、援助の対象者は孤独感から解放されるのです。バディ効果によって自分を受けとめてくれる仲間がいると感じられると、「自分ひとりでがんばらなくてもいいんだ」と思えるようになり、肩の力を抜いて前を向くことができるようになるでしょう。

援助につながる言葉かけの例

- 援助の対象者とともに在ろうとする言葉かけ

「一緒に考えていきましょう」
「いつでも相談に乗ります」
「困ったことがあれば、すぐに連絡してください」

- 支援したいという意思を伝える言葉かけ

「私に何かできることはありませんか」
「お手伝いできることを教えてください」
「できるだけのことをしたいと思っています」

スキルアップ

NG な励まし

相手を励ますつもりでも、「そんなこと気にしなくて大丈夫ですよ」「それぐらいのことは平気だから」などの言葉は NG です。なぜなら、その言葉をかけた瞬間に、「この人にはわかってもらえない」と相手が判断してしまうからです。援助職にとっては「それはよくあることだから、たいしたことではない」と思える出来事でも、援助の対象者にとっては重大なことなのです。それにもかかわらず、援助職から「そんなこと」「それぐらいのこと」などと言われると、相手は励まされるどころか、理解してもらえない悲しさや悔しさを感じてしまうかもしれません。

キーワード　勇気、勇気づけ、Ｉメッセージ

勇気をチャージする「勇気づけ」

相手を勇気づける

困難を克服する活力を補充する

勇気づけは、援助の現場で積極的に活用したい技法です。一般的に、「勇気づける」という言葉には「励ます」「元気づける」などの意味がありますが、アメリカの心理学者アドラー（Adler, A.）は、人が困難を克服する活力を**勇気**と表現し、その勇気を補充することを**勇気づけ**と呼びました。

傾聴は、勇気をチャージする方法の1つです。その人の話に熱心に耳を傾ける行為には、それだけで相手を勇気づける効果があります。その効果をさらに高めるのが、感謝の言葉やＩメッセージです。

勇気を補充する「ありがとう」

相手のちょっとした行動に対しても、感謝の気持ちを言葉で伝えてみましょう。「ありがとう」という言葉には、相手の前向きな活力を補充する力があります。それは、誰かに感謝されることで、自分や自分の行動に自信を持つことができるようになるからです。勇気づけするときは、何に対する「ありがとう」なのかがわかるように、「△△してくださり、ありがとうございます」となるべく具体的に伝えることがポイントです。

一人称で伝える「Ｉメッセージ」

Ｉメッセージとは“私は”を主語にする表現の方法です。「悩みを打ち明けてくださって、（私は）嬉しいです」「○○さんの努力を惜しまない姿勢に（私は）頭が下がります」などと、援助職自身が思ったことや感じたことなどを伝えてみましょう。ありきたりな一般論より、援助職の個人的な思いを伝えるほうが、援助の対象者は勇気づけられることが多いのです。

相手を勇気づける2つの方法

1　感謝の気持ちを伝える

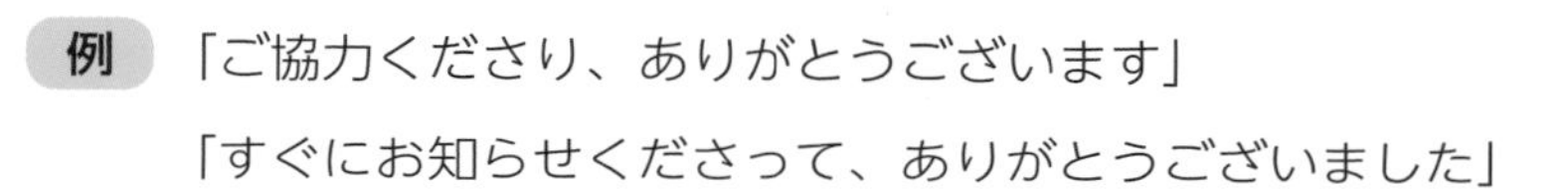

例　「ご協力くださり、ありがとうございます」

「すぐにお知らせくださって、ありがとうございました」

「ご協力いただき、すみません」より、「ご協力に感謝します」「ご協力くださり、ありがとうございます」のほうが、相手の気持ちをポジティブにします。

2　Ｉメッセージを伝える

例　「悩みを打ち明けてくださって、（私は）嬉しいです」

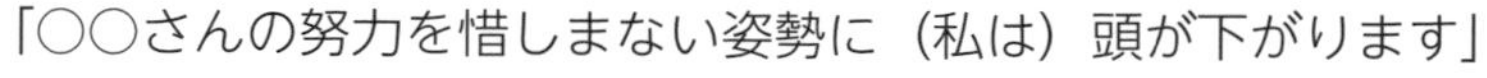

「○○さんの努力を惜しまない姿勢に（私は）頭が下がります」

「○○さんはえらいですね」と伝えるのはYouメッセージです。「あなたは」を主語にすると、上から目線で相手を評価しているようにも聞こえがちです。

スキルアップ

We メッセージ

主語の“私”を、“私たち”に替えると、We メッセージになります。We メッセージは、私たちのほかにも、みんな、我々、職員一同など、複数の人が主語になる言い方です。「職員一同、感謝しています」「みんな、とても喜んでいます」などと We メッセージで伝えると、Ｉメッセージよりインパクトの強い表現になります。

キーワード　承認、自己肯定感、自己否定感

自己肯定感を高める「承認」

その人の努力を承認する

自己肯定感と自己否定感

コミュニケーションにおける**承認**には、その人やその人の行為を肯定的に認めるという意味があります。援助職からの承認は、援助の対象者の自己肯定感を高めます。**自己肯定感**とは、できないことやダメなところがあっても、ありのままの自分を受け入れて「こんな自分でもいいんだ」と肯定できる感覚のことです。自己肯定感が高まると、自分自身を信頼できるようになり、自分自身にしっかりと向き合うことが可能になります。

一方で、自分をありのままに受け入れることができず、「こんな自分じゃダメ」と思ってしまう感覚のことを**自己否定感**といいます。何かにつけて自分を否定してしまうと、自分が嫌になり、自分の存在に価値を感じられなくなるのです。

努力を承認して敬意を伝える

援助の対象者を承認する方法には、強みの承認、行動の承認、結果の承認、成長の承認などがありますが、傾聴するときに特に心がけたいのはその人の努力への承認です。自分がやってきたことを誰かに肯定的に認めてもらう体験は、自己肯定感を高めるために欠かせません。援助職からの承認は、援助の対象者に、自分が努力していることをわかってもらえたという体験をもたらします。

例えば、「つらい状況のなかで、よくがんばってこられましたね」「これまで一生懸命に取り組んでこられたのですね」などと承認する言葉をかけて、その人の努力に対する敬意を伝えます。援助の対象者は、自分を承認してくれた援助職に対して、心を開いて話をすることができるようになるでしょう。相手を承認する一言が援助関係を良好にします。

承認する方法

強みを承認する ・・・ その人の強みや潜在的な能力を伝える

例 「○○は、あなたの大きな強みですね」
「○○するのが上手なのですね」

行動を承認する ・・・ 観察して気づいたその人の行動を伝える

例 「ご自分でできるようになったのですね」
「毎日続けているのですね」

結果を承認する ・・・ 評価を加えずに結果を肯定的に認める

例 「ついに目標を達成しましたね」
「最後までやり遂げましたね」

努力を承認する ・・・ その人の努力を肯定的に認める

例 「つらい状況のなかで、よくがんばってこられましたね」
「これまで一生懸命に取り組んでこられたのですね」

成長を承認する ・・・ 結果（成果）にかかわらず、そのプロセスにおいて相手の望ましい変化に気づいたときには、それを言葉で伝える

例 「短時間でできるようになりましたね」
「さらに上達しましたね」

存在承認（p.42）を基盤として、そのときの状況や相手のタイプに応じて承認しましょう。

キーワード　リフレーミング、過剰な一般化

その人の視点を広げる「リフレーミング」

新しい意味づけをプラスする

認知的枠組みに働きかける技法

その人がもつ認知的枠組みを言語化するときは意味の反映（p.138）を活用しますが、その人の枠組みに新しい意味を付与するときにはリフレーミングが有効です。**リフレーミング**は、すでにその人が持っている意味づけや解釈を異なる視点で捉え直したり、そこに新しい意味を付与したりして、より柔軟な考え方ができるように働きかける技法です。

援助の対象者が1つの見方に固執しているときは、その人が気づいていない新しい見方や意味づけをリフレーミングで提示するとよいでしょう。「そういう見方もできるかな」と柔軟に捉えられるようになると、その人の考え方が広がり、行動や反応も変化することが期待できます。

肯定的な意味を見出すリフレーミング

肯定的な意味を見出すリフレーミングでは、その人のものの見方がネガティブな場合に、ポジティブなイメージを付け加えます。例えば「父は頑固だから私たちが何度言ってもダメなんです」という発言に対して、「お父様なりの強いこだわりをお持ちなのかもしれませんね」などと肯定的な意味を見出してリフレーミングします。

客観的に捉えるリフレーミング

客観的に捉えるリフレーミングでは、その人のものの見方に過剰な一般化がみられた場合に、現実的な捉え方を促します。**過剰な一般化**とは、少ない事象や偏った事象から、それが多くの場合に成り立つかのように主張してしまうことです。例えば「みんな、そう言っています」という発言に対して、「それは、そう言っている人がいる、ということですね」などと客観的に捉えてリフレーミングします。

コップの水の残りをどう捉えるか？

水が半分入ったグラスを見て、「半分しかない」と思う人もいれば、「半分もある」と捉える人もいるでしょう。同じものを見ても、あるいは同じ出来事に直面しても、その意味づけや解釈の仕方は人それぞれが持つ認知的枠組みによって異なります。

リフレーミング例

援助の対象者

義母はせっかちなのか、いつも私たちに相談せず行動してしまうんです

『せっかち』の肯定的な意味を見出すリフレーミング

「お義母様は、すぐに行動に移す力のある方なのですね」

『いつも』を客観的に捉えるリフレーミング

「ご家族に相談されないことが多い、ということですね」

NGなリフレーミング

「『せっかち』という捉え方は良くないと思います」

「『いつも』なんて決めつけてはダメですよ」

「お義母様には、行動力があると考えるべきです」

「『いつも』ではなく『そういうことが多い』と捉えるほうが正しいですね」

DL対応

個人Work（ワーク） リフレーミングを使ってみよう

同じ性格特性でも、ネガティブな表現で捉えた場合とポジティブな表現で捉えた場合ではイメージが大きく変わります。以下を参考にして、肯定的な意味を見出すリフレーミングのコツをつかみましょう。

	ネガティブな表現	ポジティブな表現
すぐに干渉する	おせっかい	世話好き、人のことを放っておけない、気が利く、面倒見がよい、思いやりがある、親切
融通が利かない	頑固	意志が強い（固い）、こだわりがある、自分の考えを持っている、けっして諦めない、周囲に流されない（惑わされない）
細かいことを気にする	神経質	几帳面である、ぬかりない、丁寧に取り組む、細かく物事を考える、細かい部分にも気を配る、正確さを重視する
些細なことが気になる	心配性	細やかな気づかいができる、慎重に物事を進める、いつもそのことを気にかけている、もしものための準備を怠らない
せっかちでせわしない	短気	行動力がある、とりかかりが早い、時間を無駄にしない、対応が早い、手早く片づける、テキパキ行動できる
すぐに決断できない	優柔不断	慎重である、思慮深い、注意深い、根気強く熟慮する、軽率に行動しない、よく考えて決断する、いろいろな可能性を考える

DL対応

ペアWork（ワーク） リフレーミングを使ってみよう

リフレーミングを体験するペアワークです。

1. 2人一組のペアを作り、AさんとBさんを決めてください。
2. Aさんは、以下のなかから1つテーマを選び、Bさんに2分間話をしてください。

   ・自分のダメなところ　・自分が上手くできないこと
   ・自分が直したいと思っていること　など

   Bさんは、うなずきを基本にして、その合間にあいづちを入れながらAさんの話を聴きます。一通り聴いたら、要約の技法で「○○なところが自分ではダメだと思うのですね」などと話の要点をAさんに確認してから、「○○なのは△△だからかもしれませんね」などとリフレーミングしてみましょう。
3. 役割を交代して、2を行います。
4. このワークを行った感想や気づきを話し合ってみましょう。

上手にリフレーミングするためには、1つの可能性として伝えることがポイントです。「このように考えることもできますよね」「別の捉え方もできるかもしれません」などと伝えるとよいでしょう。

おわりに

本書は、対人援助の現場で使えるシリーズの5冊目になります。5冊目を出版することができたのは、これまでの4冊を手に取ってくださった読者の皆さまがいたからです。対人援助職の方々を対象としたシリーズですが、予想以上にさまざまな分野の方々にもご活用いただいていることを知り、嬉しい驚きがたくさんありました。そして、このシリーズを出版したことで、多くの方々との出会いがあり、新たな気づきや学びをいただくことができました。嬉しい感想を翔泳社にお届けくださった方、SNSで取り上げてくださった方、書籍をきっかけに私の講演や研修に足を運んでくださった方、そして、直接お目にかかる機会のなかった読者の皆さまにも心より感謝申し上げます。

2017年に1冊目の「聴く・伝える・共感する技術便利帖」を出版したときから、このシリーズを大切に育ててくださった翔泳社の小澤利江子様にも感謝の気持ちでいっぱいです。「対人援助の現場で使える」というシリーズ名のとおり、援助職の皆さまに「使える！」と言っていただけるような本をつくることの難しさを毎回感じながらも、小澤さんと一緒にお仕事をすることが楽しくて、気がついたらシリーズの5冊目になっていました。

このシリーズが、援助の対象者やその家族とのコミュニケーションをより豊かなものにする一助になれば、これほど嬉しいことはございません。

2023年3月
大谷　佳子

本書内容に関するお問い合わせについて

このたびは翔泳社の書籍をお買い上げいただき、誠にありがとうございます。弊社では、読者の皆様からのお問い合わせに適切に対応させていただくため、以下のガイドラインへのご協力をお願い致しております。下記項目をお読みいただき、手順に従ってお問い合わせください。

■ ご質問される前に

弊社Webサイトの「正誤表」をご参照ください。これまでに判明した正誤や追加情報を掲載しています。

正誤表　https://www.shoeisha.co.jp/book/errata/

■ ご質問方法

弊社Webサイトの「刊行物Q&A」をご利用ください。

刊行物Q&A　https://www.shoeisha.co.jp/book/qa/

インターネットをご利用でない場合は、FAXまたは郵便にて、下記"翔泳社 愛読者サービスセンター"までお問い合わせください。
電話でのご質問は、お受けしておりません。

■ 回答について

回答は、ご質問いただいた手段によってご返事申し上げます。ご質問の内容によっては、回答に数日ないしはそれ以上の期間を要する場合があります。

■ ご質問に際してのご注意

本書の対象を越えるもの、記述個所を特定されないもの、また読者固有の環境に起因するご質問等にはお答えできませんので、あらかじめご了承ください。

■ 郵便物送付先およびFAX番号

送付先住所　〒160-0006　東京都新宿区舟町5
FAX番号　03-5362-3818
宛先　（株）翔泳社 愛読者サービスセンター

●免責事項

[著者プロフィール]

大谷 佳子（おおや よしこ）

Eastern Illinois University, Honors Program心理学科卒業、Columbia University, Teachers College教育心理学修士課程修了。

現在、昭和大学保健医療学部講師。医療、福祉、教育の現場の援助職を対象に、コミュニケーション研修及びコーチング研修、スーパービジョン研修などを担当。

主な著書に、『対人援助の現場で使える 聴く・伝える・共感する技術 便利帖』『対人援助の現場で使える 質問する技術 便利帖』『対人援助の現場で使える 承認する・勇気づける技術 便利帖』『対人援助の現場で使える 言葉〈以外〉で伝える技術 便利帖』（翔泳社）、『よくある場面から学ぶコミュニケーション技術』『対人援助のスキル図鑑:イラストと図解でよくわかる』（中央法規出版）など。

装丁　原てるみ、永尾莉世（mill）

カバーイラスト　江田ななえ（http://nanae.or.tv）

本文イラスト　ケイーゴ・K / PIXTA（ピクスタ）、熊アート

本文DTP　BUCH⁺

対人援助の現場で使える
傾聴する・受けとめる技術 便利帖

2023年 3月 8日　初版第1刷発行
2023年12月15日　初版第3刷発行

著者　大谷 佳子

発行人　佐々木 幹夫

発行所　株式会社 翔泳社（https://www.shoeisha.co.jp）

印刷・製本　日経印刷 株式会社

本書へのお問い合わせについては、159ページに記載の内容をお読みください。

造本には細心の注意を払っておりますが、万一、乱丁（ページの順序違い）や落丁（ページの抜け）がございましたら、お取り替えいたします。03-5362-3705までご連絡ください。

ISBN978-4-7981-7752-6　Printed in Japan